Et Dieu créa l'Internet...

Et Dieu créa l'Internet...

Christian HUITEMA

EYROLLES

ÉDITIONS EYROLLES
61, Bld Saint-Germain
75240 Paris Cedex 05

Sommaire

Avant-propos III

L'Internet Activities Board 1

Messagerie 15

De l'intérêt d'être connecté 33

Réseaux et bombes atomiques 51

Une démocratie électronique 67

Vers mille milliards de nœuds 87

L'Internet est-il sûr ? 103

Sons, lumières et odeurs 125

Commercer dans le monde entier 143

Libres et responsables 161

Évolution ou révolution ? 179

Pour en savoir plus... 189

Glossaire 193

Avant-propos

Il m'est arrivé, ces dernières années, une drôle d'histoire. Quand j'ai choisi, il y a environ quinze ans, de conduire des recherches sur les systèmes d'échange de données entre ordinateurs, je ne prévoyais pas encore que les réseaux informatiques que je contribuais à mettre en place auraient un impact si décisif sur les sciences, la société et la civilisation. Cela n'est apparu qu'il y a environ quatre ans, quand l'Internet a quitté les laboratoires pour devenir un réseau grand public, un phénomène mondial d'ampleur encore plus grande que, en France, le Minitel.

Je suis chercheur en informatique et, comme mes collègues, je suis supposé travailler dans la pénombre d'un laboratoire, y expérimenter programmes et techniques susceptibles de tirer encore mieux parti des ordinateurs. Bien sûr, il arrive que des recherches attirent l'attention des journaux et des télévisions, souvent à l'occasion d'un anniversaire ou d'une visite guidée. Mais, en général, nous sommes soigneusement protégés du grand public. Une invention se traduit par un prototype, qu'il faut mettre au point pendant quelques années avant qu'il devienne un composant invisible d'un produit industriel. Avec l'Internet, tout cela s'est accéléré. Quelques semaines après que nous avons mis au point, à l'INRIA, un logiciel permettant d'utiliser l'Internet pour des vidéoconférences, on en trouvait des centaines d'utilisateurs dans le monde entier. Nous recevons sans cesse des demandes d'informations, de cours, de collaborations. Les visiteurs se succèdent pour assister à des démonstrations.

IV

Certains de mes amis américains décrivent l'Internet comme « la revanche des matheux ». Pendant que commerciaux et golden-boys empilaient importations et offres publiques d'achats, la révolution couvait sagement dans les réseaux d'ordinateurs. En multipliant les moyens de communiquer, en abaissant leurs coûts, nous touchions en fait à l'organisation même de la société, tant les pouvoirs établis étaient dépendants du contrôle de l'information. Quand le phénomène est devenu vraiment visible, il a suscité une forte demande d'information, qui s'est malheureusement abreuvée à des sources diverses, peignant de l'Internet une image que j'avais quelques peines à reconnaître. On vit apparaître un mélange d'erreurs et de craintes, mais aussi sans doute de vieux réflexes et de franches manipulations. À en croire quelque moderne Cassandre, la liberté de communiquer servirait surtout à organiser des réseaux racistes, fascistes et pédophiles, le commerce électronique serait le royaume des trafiquants d'organes et des blanchisseurs d'argent sale, le secret des communications un moyen sûr d'embaucher des tueurs à gages.

J'ai beaucoup travaillé au développement de l'Internet, dans mon laboratoire et aussi comme responsable bénévole d'un de ses principaux comités. Les descriptions imprécises me désolent autant que les craintes infondées. Je me suis donc senti obligé d'apporter avec ce livre un contrepoint, de remplacer le flou par des descriptions précises, les peurs par le rêve.

L'Internet Activities Board

La salle de réunion surplombait la grande marina de Los Angeles, mais je ne regardais ni la mer, ni les bateaux. C'était le 8 janvier 1991. J'étais arrivé de France la veille et je participais pour la première fois à une réunion de l'IAB, l'Internet Activities Board, le « conseil des activités Internet », groupe de spécialistes triés sur le volet qui, depuis le début des années 1980, supervisait le développement du réseau. Il y avait là plusieurs pionniers de l'Arpanet, ce réseau de recherche fondé en 1969 par le ministère de la Défense des États-Unis où avait été développée la technologie de commutation de données « par paquets » qui permet de constituer des réseaux d'ordinateurs. On trouvait par exemple Vint Cerf, qui avait en 1973 inventé avec son collègue Bob Kahn le concept même d'Internet, Dave Clark, l'architecte de l'Internet, Jon Postel, le gestionnaire des adresses du réseau, et bien d'autres encore. Tous avaient contribué à bâtir l'Internet, à inventer la technologie, à la mettre au point. Je me demandais bien pourquoi Vint Cerf m'avait convié, en décembre, à rejoindre cet aréopage. En attendant, j'essayais, en débattant avec eux de l'évolution du réseau, de ne pas faire trop apparaître mon incompétence.

Bien sûr, je participais déjà depuis plusieurs années aux discussions électroniques sur l'Internet. J'en avais entendu parler pour la première fois en 1982, à l'INRIA, l'Institut national de recherche en informatique et automatique. Louis Pouzin et ses collègues avaient, dès 1973, développé en France le réseau Cyclades, à peu près au même moment que le réseau Arpanet aux États-Unis et suivant les mêmes principes. Le nom de Cyclades, qui évoquait un archipel dont les îles seraient les premiers ordinateurs interconnectés, est resté assez célèbre chez les chercheurs. Mais, alors qu'Arpanet allait donner naissance à l'Internet, Cyclades fut progressivement démantelé à la fin des années 70. L'expérience avait parfaitement marché, mais l'administration française des télécommunications avait décidé qu'elle n'avait aucun avenir et qu'il fallait tout miser sur le réseau Transpac, qui fut d'ailleurs une grande réussite et permit de raccorder les Minitel. Transpac, bien que dédié aux échanges de données, ressemblait beaucoup plus que Cyclades ou Arpanet à un réseau téléphonique classique : il était beaucoup plus facile d'y prélever des taxes. En conséquence, toute recherche tendant à développer une autre technologie était considérée inopportune. Nous aurions peut-être pu, dès 1982, nous connecter à l'Arpanet. L'INRIA, conduisait en commun avec le Centre national d'études des télécommunications, le CNET, des recherches sur les applications informatiques des satellites de télécommunication. À la même époque, nos collègues américains expérimentaient l'extension de l'Arpanet par des liaisons satellites : la liaison était tentante. Mais le risque aurait été trop grand de se faire polluer par l'hérésie américaine, et l'administration des télécommunications préféra nous éviter cette tentation. Il fallut attendre. En 1982, seuls quelques privilégiés disposaient de boîtes à lettres électroniques aux États-Unis. C'était en général des anciens de Cyclades.

Nous ne pûmes commencer à utiliser nous-mêmes le courrier électronique que vers 1984, grâce à tout un bric-à-brac de passerelles et de relais dont certains permettaient déjà d'atteindre l'Internet. Les adresses électroniques d'alors contenaient un salmigondis de noms d'ordinateurs, de noms de réseaux, et de symboles cabalistiques comme %, !, :: ou @. Tout cela avait un côté assez magique, et il suffisait d'ailleurs de se tromper légèrement dans l'incantation, de confondre par exemple % et @, pour que le message se perde dans le réseau. Mais au moins, si on connaissait la formule, la magie fonctionnait. Il suffisait d'une nuit pour que les messages arrivent à destination, de quelques jours pour que les commentaires faits dans des « groupes de discussions » se propagent à tous les sites du réseau. Ces délais nous paraissent maintenant bien longs, et ils étaient d'ailleurs assez gênants : réponses et questions se croisaient au lieu de se succéder, des commentaires étaient émis avant que leurs auteurs aient reçu toutes les réponses à la question précédente. C'était parfois assez cocasse mais nous étions connectés, c'était un début.

Il fallait harmoniser nos réseaux, adopter des solutions standardisées pour pouvoir éviter passerelles et relais. Bien sûr, nous aurions pu dès cette date adopter tout simplement les protocoles de l'Arpanet, qui bénéficiaient déjà de dix ans de mise au point. Mais la tendance française à préférer les solutions nationales se combinait avec la volonté de « bâtir l'Europe ». Il semblait important aux responsables de la « politique industrielle » d'imposer des standards « internationaux » : il fallait laisser ses chances à l'industrie européenne. L'Union internationale des télécommunications, qui regroupe l'ensemble des administrations des télécommunications, venait précisément d'adopter un nouveau standard, la norme X.400. Cette norme devint pendant quelques années le credo des réseaux européens. On pouvait débattre de sa qualité technique. Elle promettait beaucoup, étant plus exhaustive et plus systématique que les solutions très simples et très informelles qui avaient cours sur l'Arpanet. Elle était aussi assez complexe et strictement incompatible avec tout ce qui existait jusque-là. Mais le débat technique importait peu : c'était la seule solution « politiquement acceptable ». Si on voulait une subvention, il fallait se conformer à la norme. Et, vu le prix des télécommunications, on avait vraiment besoin de subventions...

On l'implémenta donc, et on entreprit de la mettre en œuvre. Nos collègues, dans plusieurs pays européens, avaient commencé à déployer un logiciel canadien, qui était disponible dès 1985. Nous avions entamé, à l'INRIA, un développement similaire, qui fut prêt en 1986 ; ces deux logiciels, respectant le même standard, étaient compatibles. Dès 1985, des experts provenant de divers pays de la communauté européenne prirent l'habitude de se réunir pour ébaucher le « réseau de la recherche en Europe ». L'objectif était de remplacer les passerelles par une solution plus « continue », mais notre réseau « conforme aux standards internationaux » ne fit guère que s'ajouter aux trois ou quatre réseaux existants.

Au lieu de simplifier, nous avions rendu le réseau encore plus complexe, en y introduisant des passerelles encore plus baroques et encore moins « transparentes » que les précédentes. Un des premiers thèmes de travail des groupes d'experts européens fut précisément la spécification des règles de traduction entre le courrier électronique de l'Internet et les messageries conformes au standard X.400. Huit ans plus tard, on en discutait encore certains détails !

Cependant, nous n'avions pas perdu de vue l'intérêt de la technologie Internet. Après tout, la solution « européenne » permettait seulement d'échanger du courrier électronique, ce qui ne suffit pas, par exemple, pour partager des fichiers ou pour distribuer des calculs sur un réseau d'ordinateurs, ce que permettait justement de faire le « protocole de contrôle de transmission » (TCP), combiné avec le « protocole Internet » (IP) dans ce qu'on a coutume d'appeler TCP-IP. La préférence nationale continuait à jouer, il fallait toujours privilégier le réseau Transpac. Mais on voyait déjà arriver les premiers réseaux locaux, les premières stations de travail. TCP-IP s'imposait comme la meilleure solution sur ces réseaux, la plus facile à installer quand les ordinateurs ne venaient pas tous du même fabricant. En reprenant des développements de Cyclades, nous sûmes très vite interconnecter des réseaux locaux via Transpac. Quand, en 1986, je rejoignis l'unité de recherche de Sophia Antipolis de l'INRIA, tout cela fonctionnait. Le réseau de Rocquencourt était relié à celui de Sophia Antipolis via Transpac, les messageries X.400 et Internet nous permettaient de nous raccorder au reste du monde, nous savions gérer les passerelles entre ces deux réseaux.

Dès 1984, nous étions nombreux en France à avoir compris qu'il fallait absolument installer un « réseau pour la recherche ». De tout temps, les chercheurs ont eu besoin de communiquer : la connaissance ne peut être utile que si elle est enseignée, les découvertes d'un chercheur ne peuvent être validées que si elles sont soumises à l'approbation de ses pairs. Copernic, depuis un monastère de Pologne, correspondait avec Galilée, dans l'Italie de la Renaissance ; Newton dialoguait avec Leibnitz, d'Alembert avec Franklin. Il ne fallait pas être grand clerc pour comprendre dès le début des années 80 que la messagerie électronique serait demain indispensable aux chercheurs : ne pas communiquer aussi vite que ses pairs, c'est, tôt ou tard, perdre pied. Mais il y a toujours un décalage entre le désir et l'acte. En 1984, ce décalage se traduisait par de sordides querelles de chapelles, luttes d'influences, batailles de couloirs. Qui contrôlerait le réseau, quel matériel utiliserait-on ? Dans un pays comme la France, l'influence des bureaucraties, ou plutôt des « directions ministérielles », est considérable. Avoir un réseau était certes important, mais il paraissait encore plus important de savoir s'il serait administré par l'Éducation nationale ou par le CNRS, et quel degré de liberté pourraient conserver des organismes comme le CEA ou l'INRIA. Ces batailles durèrent et perdurèrent. On vit se développer plusieurs réseaux concurrents, soigneusement incompatibles. Jonathan Swift avait décrit en son temps la guerre de Lilliput et de Blefuscu, pour déterminer si les œufs devaient être mangés par le gros ou par le petit bout ; il aurait sans aucun doute apprécié nos querelles.

J'étais déjà assez las de ces péripéties quand, en octobre 1986, je fus convié à un séminaire sur les réseaux de recherche à Dublin. Il s'agissait de la troisième itération de l'« Internetworkshop », un mot valise créé par le professeur Landweber : un séminaire sur l'interconnexion des réseaux, en fait un groupe de travail pour bâtir l'Internet. Larry Landweber est professeur d'informatique à l'université du Wisconsin à Madison. Cette université ne faisait pas partie du « premier cercle » qui avait eu le privilège d'être raccordé à l'Arpanet, mais Larry avait eu un rôle important dans la mise au point du réseau CSNet, un réseau de messagerie parallèle à l'Arpanet, ainsi que dans la mise au point de passerelles entre CSNet, Arpanet et Bitnet, un autre réseau de messagerie conçu pour relier des centres de calcul équipés de matériels IBM. Au premier abord, l'Internetworkshop ressemblait à un congrès classique. Chaque congressiste, à tour de rôle, présentait une communication, décrivait son réseau, ses développements, ses plans. Mais en fait, dans les couloirs du congrès, les gens se rencontraient, discutaient des améliorations possibles, de l'endroit où installer une nouvelle passerelle, de telle ou telle amélioration. Par petites touches, il s'agissait ni plus ni moins que d'interconnecter le monde entier. J'eus précisément l'occasion, pendant une séance de travail par petits groupes, de présenter à Larry les recherches que je souhaitais conduire à l'INRIA, qui se trouvaient avoir beaucoup de points communs avec les siennes. Nous convînmes d'une expérience commune, le développement d'une passerelle entre les standards « internationaux » que nous semblions tenus d'utiliser en Europe et les protocoles de l'Arpanet, ou plutôt de l'Internet, puisque les réseaux de recherche américains avaient commencé à se fédérer. Cette expérience impliquait l'établissement d'une liaison directe entre le réseau de l'INRIA et celui de la NSF, la National Science Foundation, organisme qui gère la recherche publique aux États-Unis. De retour dans nos pays respectifs, nous présentâmes notre projet à l'INRIA et à la NSF. Il faut croire que nous fûmes convaincants, car le président de la NSF et celui de l'INRIA nous soutinrent immédiatement. Malheureusement, les budgets de ces organismes sont annuels, et il fallut donc laisser passer l'année 1987 : le financement ne fut disponible qu'en 1988. Dans l'intervalle, nous avions aussi obtenu le soutien de la NASA, qui souhaitait accéder à des bases de données en France. Il fallut encore discuter des détails techniques, convaincre Steve Wolff, responsable des actions « réseaux » à la NSF, et Hans-Werner Braun, qui était à l'époque responsable technique de NSFnet. Il suffit ensuite de commander la liaison à France Télécom et à la société américaine de communications MCI : le 28 juillet 1988, la France était raccordée à l'Internet.

Bien sûr, tout ne fonctionna pas du premier coup. Le matériel que nous utilisions à l'époque ferait sourire aujourd'hui les spécialistes. Du côté américain, les choses étaient à peu près normales : les équipements de tests de l'université du Wisconsin étaient regroupés dans un petit réseau dédié à l'expérience. Ce réseau était hébergé par l'université de Princeton où il était connecté via un « routeur » et le réseau interne de l'université au réseau de la NSF. Il était également relié, à travers une liaison par satellite, à un réseau identique situé à l'INRIA, à Sophia Antipolis. Là, point de routeur mais deux petits ordinateurs, des machines disposant d'environ 1 méga-octet de mémoire et d'un micro-processeur 16 bits, bien moins puissantes que les plus petits des PC actuels. L'une servait à relayer le trafic vers le réseau de l'INRIA, l'autre assurait les fonctions de passerelle, effectuant d'une part la traduction entre TCP-IP et Transpac, pour atteindre les bases de données astronomiques qui intéressaient la NASA, d'autre part le relais entre la messagerie Internet et X.400. La mise au point fut assez laborieuse : si le 28 juillet les premiers paquets de données avaient été échangés, le 29 plus rien ne marchait. Comme d'habitude, plusieurs problèmes se mélangeaient. Aux États-Unis, MCI ne fournissait que le service transatlantique ; il fallut quelques essais avant de valider complètement le raccord fourni par un opérateur local entre cette liaison et l'université de Princeton. Le logiciel TCP-IP avait été « porté » sur les machines françaises, mais le résultat n'avait jamais été testé en face de machines américaines. Par moments, les passerelles se bloquaient, les sessions s'interrompaient. Nous dûmes travailler avec acharnement pour diagnostiquer les pannes, pour finalement insérer d'autres machines en relais afin d'éviter les configurations « problématiques ». Tout cela, bien sûr, dans l'urgence, avec force heures de travail nocturne pour effectuer des tests malgré le décalage horaire. Néanmoins, le 8 août, tout était prêt. Nous fîmes une belle démonstration, nos partenaires de la NASA purent accéder à la base de données qui, à Strasbourg, récapitulait des siècles d'observations astronomiques. Yves Devillers et son équipe avaient déjà branché sur cette liaison les échanges de messagerie de l'INRIA : les temps de transfert tombèrent de quelques heures à quelques minutes, ce qui fut immédiatement remarqué et apprécié par tous nos collègues. La liaison était opérationnelle.

J'avais pu obtenir, pendant la préparation du projet, que le branchement se fasse à Sophia Antipolis et non pas à Paris, en faisant valoir qu'il s'agissait là d'une expérience, qu'il importait que les équipements soient sous le contrôle direct des chercheurs. Ce n'était pas très naturel, car, à l'époque, le centre de l'INRIA à Sophia Antipolis était encore environ quatre fois plus petit que celui de Rocquencourt, près de Paris. En fait, il n'est jamais naturel, dans un pays jacobin comme le nôtre, d'installer quelque équipement que ce soit ailleurs qu'à Paris ou, à la rigueur, en Île-de-France. Mais les tarifs des connexions transatlantiques étaient indépendants du point d'arrivée de la liaison : on ne pouvait donc pas nous opposer d'argument budgétaire. Tout cela eut des conséquences très bénéfiques. Comme on pouvait le supposer, nos collègues parisiens installèrent très rapidement une liaison entre Rocquencourt et Sophia Antipolis. Nul ne sait si les budgets auraient été dégagés aussi vite pour connecter la province à Paris, mais il est certain qu'avant même la mise en service de la liaison transatlantique, on avait commencé à mettre en place l'ossature du réseau interne de l'INRIA. Les quatre centres de Rocquencourt, Sophia Antipolis, Rennes et Nancy allaient être reliés par des liaisons à haut débit – c'est-à-dire, en 1988, des liaisons à 64 kilobits par seconde (kbps). La direction de l'INRIA fit ensuite aux autres instituts de recherche français une proposition assez généreuse : ils pourraient utiliser gratuitement notre liaison transatlantique, pourvu qu'ils financent eux-mêmes leur raccordement à un centre de l'INRIA. C'étaient en fait les vrais débuts de l'Internet en France, l'amorçage de la pompe.

Parmi les premiers utilisateurs externes à l'INRIA, on comptait évidemment nos partenaires sophipolitains : l'université bien sûr, mais aussi des centres de recherche et instituts de formation amis. Tout cela ne passa pas inaperçu des responsables politiques locaux. Peu après, dans le cadre de la « route des hautes technologies », un projet de « centre de calcul régional » commença à se concrétiser. Celui-ci comprenait d'une part l'achat de super-calculateurs à Nice et à Marseille, d'autre part le financement d'un réseau permettant de les interconnecter et d'y raccorder les utilisateurs depuis les quatre coins de la région Provence-Alpes-Côte d'Azur. C'était la première région de France à se doter d'un réseau, à comprendre qu'un équipement de ce genre était un puissant outil pour le développement de la recherche, de l'enseignement et plus généralement de l'économie locale. On vit ensuite des réseaux similaires être mis en place en Normandie, en Bretagne, à Grenoble, à Paris enfin. Le réseau de la recherche française, enlisé depuis 1985 dans des méandres bureaucratiques, commençait à prendre forme. Simplement, au lieu d'un accord au sommet et d'un plan à long terme, on voyait se multiplier les initiatives locales, les coopérations ponctuelles. Finalement, les équipes techniques ayant pris l'habitude de coopérer, de se servir de l'Internet, la solution rationelle s'imposa. On avait besoin d'un « réseau d'interconnexion » regroupant des réseaux régionaux, ce que notre jargon appelle maintenant des « plaques régionales ». Finalement, sous l'égide du ministère de la Recherche, les grands organismes uniront leurs moyens et mettront en place le réseau Renater. Mais, en 1991, cela n'était pas encore acquis.

Pourquoi donc Vint Cerf m'avait-il convié, en décembre 1990, à rejoindre l'IAB ? J'eus l'occasion d'en discuter plus tard avec lui, et aussi avec d'autres membres de ce collège. En fait, ils avaient observé que l'Internet devenait de plus en plus international. Ils voulaient coopter un « étranger » et j'avais pour eux à peu près le profil requis : je participais depuis 1985 à des recherches sur les protocoles TCP-IP et sur les applications de l'Internet, j'avais été associé aux développements de l'Internet en France, des réseaux de recherches en Europe. En quelque sorte, je pouvais tenir à peu près honorablement le rôle de l'étranger de service... En fait, je compris dès le premier soir que la culture française et l'expérience européenne seraient un complément utile à l'IAB. Faire croître l'Internet est une occupation captivante, mais aussi assez fatigante, comme je m'en rendrai compte dans les années suivantes. Pour effacer ces fatigues et maintenir un esprit collégial de bon aloi, quoi de mieux qu'un repas partagé ? Or plusieurs des membres de l'IAB, en 1991, étaient des œnophiles raffinés. De plus, nous comptions parmi nous le seul pionnier de l'Internet à avoir fait fortune, Dan Lynch, le fondateur d'Interop. Dan avait commencé par organiser une petite conférence permettant aux vendeurs de produits Internet de les présenter au public tout en testant entre eux leur compatibilité : tous les stands étaient reliés par un réseau, tous les produits devaient communiquer et démontrer leur « interopérabilité », d'où le nom de ces exhibitions. La taille et le chiffre d'affaires de ces conférences avaient crû avec l'Internet ; en 1991, Dan n'avait plus guère de soucis financiers. Il avait donc choisi d'offrir, pour le repas, une dizaine de bouteilles d'un des meilleurs crus de la vallée de Napa, les « Beaulieu Vineyards », chaque bouteille ayant un millésime différent. Les Californiens appellent ce genre de chose une « dégustation verticale ». Toujours est-il que le bouchon du millésime 69 était si fragile, en si piteux état, que le maître d'hôtel hésitait, craignant de gâcher un aussi prestigieux flacon. Je pus donc montrer que mes années étudiantes à Paris n'avaient pas été vaines, et que bien manié un tire-bouchon était un outil exceptionnel. Nous pûmes tous déguster le millésime 69, et convenir que 68 et 66 étaient meilleurs. J'avais enfin compris mon rôle à l'IAB : je n'étais pas seulement l'étranger de service, je pouvais devenir l'échanson.

Messagerie

À quoi reconnaît-on un internaute ? À sa carte de visite, bien sûr. À côté d'un numéro de téléphone et d'un numéro de fax, on y trouve une adresse e-mail, comme par exemple, dans mon cas, <huitema@sophia.inria.fr>. Ce qui signifie que vous pouvez, à cette adresse, m'envoyer un courrier électronique, que les internautes francophones appellent en général un « e-mail », en reprenant l'abréviation anglaise de « electronic mail ». La prononciation française est en principe « é-mel », mais on peut trouver des variations, comme par exemple *i-mayeleu*, voire *mayeleu* tout court, qui fait peut-être plus « branché ». C'est pour pouvoir utiliser l'e-mail que nous avons commencé à construire l'Internet.

L'e-mail est une application très puissante, qui vous permet de composer un message sur votre écran d'ordinateur et de l'envoyer à vos amis dans le monde entier. À première vue, il n'y a là rien d'extraordinaire. Tout le monde sait composer un message sur un logiciel de traitement de texte, le mettre dans une enveloppe et le poster ; sauf accident, le destinataire recevra la lettre le lendemain ou, au pire, quelques jours plus tard. Si ce délai paraît trop long, on peut utiliser le fax : une copie du message sera transmise en quelques minutes. Mais l'e-mail a, sur le fax comme sur le courrier, l'avantage d'être numérique. Les transmissions sont plus rapides et donc moins chères, on peut acheminer des documents beaucoup plus volumineux et immédiatement utilisables. L'e-mail est si pratique que nous sommes nombreux à le préférer, de beaucoup, au téléphone.

Le principe même du fax est l'impression à distance. Ce qu'on transmet est une feuille de papier, la copie d'une page de dessin ou d'écriture. Pour cela, on doit découper la feuille en une suite de lignes, puis chaque ligne comme une suite de points, un peu comme une image de télévision. Mais, pour que la copie reçue soit lisible, il faut une bonne « définition ». Il faut que la page comporte un grand nombre de lignes, que chaque ligne comporte un grand nombre de points, plusieurs points par millimètre. Il faut ensuite dire si chaque point est blanc ou noir, ce qui demande un bit. En fait, les fax ne transmettent pas tous les points de la page. Ils utilisent des techniques de compression, en tirant parti des ressemblances entre lignes successives et du groupage des points en plages de blancs puis plages de noirs. Mais même ainsi, il faut encore une ou deux minutes pour transmettre une page de fax. L'e-mail ne s'embarrasse pas de lignes et de points, mais se contente d'envoyer la représentation informatique des caractères composant le message, ce qui est beaucoup plus dense. Une ou deux secondes suffisent à transmettre une page d'e-mail. Supposons que je veuille transmettre à mon éditeur un chapitre de ce livre, soit une dizaine de pages. Si j'essaye d'utiliser le fax, je vais devoir surveiller pendant un quart d'heure le départ du papier. Avec un peu de malchance, je verrais la communication téléphonique s'interrompre, ou encore la machine distante arriver au bout de son rouleau. Il faudra téléphoner pour savoir combien de pages sont bien arrivées, puis retransmettre les autres. Au contraire, la transmission d'un tel message par l'Internet ne demandera que quelques secondes, et les protocoles TCP-IP prendront en charge les incidents.

Mais la vitesse de la transmission n'est pas tout. En fait, quand j'ai commencé à utiliser le courrier électronique, vers 1984, il fallait beaucoup plus de deux secondes pour envoyer un message. Le réseau Usenet utilisait des liaisons téléphoniques. On confiait son message à un ordinateur, qui composait ensuite, automatiquement, le numéro de téléphone d'un autre ordinateur plus proche de la destination et, une fois la liaison établie, lui transmettait le message. De proche en proche, par des communications téléphoniques successives, le message était acheminé à sa destination. Mais établir une liaison téléphonique coûtait cher et on attendait donc, pour réduire les coûts, qu'un nombre suffisant de messages soit accumulé avant de composer le numéro. Bien sûr, si on n'arrivait pas à accumuler assez de messages, on appelait quand même le voisin, mais seulement après avoir attendu « assez longtemps », c'est-à-dire entre une demi heure et quelques heures, suivant la position de la machine dans le réseau et le sens des économies de son propriétaire. Avec ces pratiques, le délai de transmission pouvait facilement se chiffrer en heures : ce n'était qu'à peine plus rapide que la poste. Pourtant, nous n'étions pas tentés de recourir au fax ni même au téléphone, d'abord parce que le coût de transmission d'un message était fort bas, peut-être une dizaine de centimes, mais surtout parce que la transmission des messages sous forme électronique les rendait directement utilisables.

Quand vous recevez un fax, vous avez en main quelques feuilles de papier. Quand vous recevez un e-mail, vous recevez un document électronique, que vous pouvez immédiatement copier dans un fichier de votre ordinateur. C'est déjà très utile pour des messages ordinaires : on peut les classer sur un disque dur, on n'a pas besoin d'armoires et de dossiers. On pourra ensuite les rechercher en utilisant toute la puissance de la machine : pour un ordinateur, trouver « le message envoyé par M. Dubois en septembre dernier » est l'affaire de quelques secondes. On pourra aussi très facilement les dupliquer, les retransmettre : même recopié cent fois, un fichier informatique reste identique à l'original. Un fax, par contre, aura tendance à gagner à chaque photocopie quelques points noirs et quelques taches d'encre... On pourra enfin réutiliser tout ou partie des messages pour préparer un compte rendu, une réponse. On n'aura pas besoin de taper à nouveau le texte au clavier, il suffira de « couper-coller » en utilisant souris et éditeur de texte. C'est ce qui permet aux chercheurs de préparer un rapport en commun, chacun des auteurs écrivant quelques pages et les transmettant par e-mail. On peut aussi utiliser l'e-mail pour transmettre, en plus de simples textes, des fichiers et des programmes. Il faut bien sûr les emballer dans un message. C'est maintenant facile, car la plupart des logiciels de messagerie savent ajouter au message des « pièces jointes ». C'était nettement plus laborieux il y a dix ans. Il fallait préparer les fichiers pour qu'ils « ressemblent à du texte » ce qui demandait quelques manipulations assez ésotériques. Mais l'essentiel était de pouvoir les transmettre à ses partenaires, pour qu'ils puissent essayer les logiciels, extraire les données des fichiers. La seule alternative aurait été d'envoyer par la poste des disquettes ou des bandes magnétiques, mais c'était toute une expédition : emballage, formalités de douanes, risques de chocs et d'altérations. Il valait beaucoup mieux utiliser l'e-mail, même s'il était encore, à l'époque, beaucoup plus lent et beaucoup moins sûr qu'aujourd'hui.

Dès cette époque, nous avons pris l'habitude d'envoyer des messages plutôt que de téléphoner. Le téléphone est un instrument assez barbare. Sacha Guitry disait qu'il nous prend pour des domestiques : on vous sonne, vous accourez, vous répondez. Il n'est pas surprenant qu'un des apanages du pouvoir, dans notre société, soit le secrétariat preneur d'appel et éconduiseur d'importuns. Le courrier électronique, au contraire, est beaucoup plus poli. Les messages arrivent dans votre boîte aux lettres, vous les lisez quand vous êtes prêt. Bien sûr, ceci est aussi vrai des fax, à un détail près : votre boîte aux lettres est personnelle, le message ne s'affiche que sur l'écran de votre ordinateur. Les fax, au contraire, ont tendance à s'accumuler dans une « corbeille arrivée », souvent commune à tout un service, où chacun va devoir aller piocher... L'e-mail est beaucoup plus personnel ; on n'hésite pas à envoyer de courts messages, pour appeler à une réunion, à un repas, à un pot. Petit à petit s'est d'ailleurs produit dans la communauté des chercheurs un effet curieux : l'habitude de l'e-mail chasse celle du téléphone. Non seulement les internautes s'écrivent au lieu de s'appeler, mais ils tendent aussi à ne plus guère être joignables au téléphone. En fait, quand ils veulent effectivement se parler, ils conviendront d'abord de l'heure de la communication par courrier électronique. Les chercheurs ont très souvent des partenaires sur d'autres continents : l'e-mail permet de s'affranchir des décalages horaires. Je trouve le matin dans ma boîte aux lettres les réponses aux questions que j'avais posées la veille, mes collègues américains trouveront mes commentaires à leur réveil. Ceci tend bien sûr à exclure celui qui n'a pas accès à l'e-mail : ses appels sonnent dans le vide ou ne sont pas retournés, il ne reçoit pas l'information qui n'a circulé que de manière électronique et n'a peut-être jamais été imprimée. L'expression « être branché » prend alors tout son sens.

Pour envoyer un e-mail, il faut connaître l'adresse de son partenaire, ce qui n'est pas si évident car il n'existe pratiquement pas d'annuaire et encore moins de service des renseignements. Mais les adresses e-mail sont assez simples pour qu'on puisse facilement les copier depuis une carte de visite. Dans la plupart des cas, les messages qu'on envoie s'insèrent dans des conversations. Vous venez de lire un message, vous voulez y répondre, rien de plus simple. Il vous suffit de choisir la fonction « réponse » de votre programme de lecture, et l'adresse du correspondant sera immédiatement recopiée. Il faut bien sûr que la pompe soit amorcée, que votre correspondant vous ait lui-même envoyé un message. Mais il n'est même pas nécessaire pour cela qu'il connaisse votre adresse, car l'e-mail ne sert pas seulement à des communications « individuelles », entre deux personnes. Bien plus souvent, c'est tout un groupe qui échange des messages, par une « liste de distribution. » Au lieu d'envoyer un message à « Mademoiselle Jeanne », on l'envoie à un ordinateur relais, en utilisant comme adresse le nom du groupe, par exemple <chers-gaffeurs@comiques.be>. L'ordinateur qui sert le groupe possède dans un fichier la liste des adresses individuelles de tous les membres. Chaque fois qu'il reçoit un message destiné au groupe, il en réexpédie à chacun d'eux une copie.

Il existe dans l'Internet des milliers de groupes de ce genre. La plupart ont des finalités professionnelles et utilitaires. Par exemple, on trouve à l'INRIA, où je travaille, des listes de distribution regroupant les membres du même groupe de recherche, les membres de chaque comité scientifique, les membres de la direction. Nous participons souvent à des coopérations internationales, par exemple dans le cadre de projets européens : à chaque projet sera associée une liste de distribution. D'autres listes regroupent, au niveau mondial, les chercheurs travaillant sur un même thème, par exemple la transmission de signaux vidéo sur l'Internet. Mais on trouve aussi des listes plus ludiques, par exemple pour les amateurs de tel ou tel musicien. Certaines listes sont tout à fait privées, ne regroupant que quelques amis ou amies, comme la célèbre liste « systers » qui fut créée par de jeunes informaticiennes américaines pour conduire des discussions à l'abri des regards masculins.

Ces listes devraient être, logiquement, l'outil privilégié des associations culturelles ou sportives. Il est beaucoup plus simple et beaucoup moins onéreux de mettre en place une liste de distribution que d'imprimer et de poster une gazette ou un bulletin de liaison, à condition bien sûr que les adhérents de l'association soient connectés à l'Internet. Une simple liste de distribution permet d'ailleurs une interactivité beaucoup plus grande qu'un système de gazettes ou de bulletin, qui en pratique est au mieux mensuel. Un message envoyé à la liste peut arriver aux boîtes aux lettres des membres du groupe dans les secondes ou les minutes suivantes, susciter immédiatement des discussions, déclencher des commentaires. C'est, quasiment, l'assemblée générale permanente. C'est d'ailleurs le mode de fonctionnement des groupes qui développent la technologie de l'Internet, et nous verrons combien la démocratie directe qui s'y pratique peut être tumultueuse. Mais, entre gens de bonne compagnie, la puissance de communication bien utilisée est un instrument fantastique, pour une charge minime, l'administration du serveur. Quand un nouveau membre rejoint le groupe, il faut ajouter son adresse e-mail dans le fichier des membres de la liste. Il faudra la rayer s'il quitte le groupe, la mettre à jour si sa connexion au réseau change. Toutes ces opérations ne demandent guère que quelques secondes à un opérateur entraîné. Si on cherche, comme dans le cas de « systers », à fermer la liste, on contrôlera soigneusement l'identité des postulants avant de les ajouter au fichier. Si on gère une liste ouverte, ces contrôles sont superflus et on pourra utiliser des outils automatiques qui, sur simple réception d'un message, enregistreront immédiatement le nouveau membre et son adresse.

Le travail de l'administrateur n'est toutefois jamais négligeable. Il faut s'assurer que le serveur est toujours disponible, détecter les erreurs causées par des membres négligeant d'informer de leur changement d'adresse. Il faut aussi, depuis le site serveur, envoyer une copie de chaque message à tous les membres du groupe. En pratique, c'est très facile si la liste ne comporte que quelques dizaines ou quelques centaines d'abonnés, mais tout à fait déraisonnable si la liste en comporte quelques dizaines de milliers. Pour les très grands groupes, on utilise un autre système, celui des « news ». Les messages y sont classés par thème, et la liste des thèmes est gigantesque. On y trouve par exemple des discussions sur les automobiles et les bateaux à voiles, la cuisine et la philosophie, les ordinateurs et les dessins animés, la culture et l'informatique. En fait, pour chaque thème, on trouvera non pas une liste mais des dizaines de rubriques, concernant par exemple la cuisine française, turque ou chinoise, les dessins de Tex Avery et ceux de Walt Disney. De nouvelles rubriques sont créées tous les jours, pour s'informer des conséquences du dernier tremblement de terre ou pour suivre le procès d'une vedette de football. Contrairement aux listes de distribution, il n'y a pas besoin de s'abonner. Il suffit de feuilleter sur un serveur la liste des rubriques, d'en choisir une et de se plonger dans la lecture des derniers messages, un peu comme on choisit la page à laquelle ouvrir un journal. Mais c'est un journal ayant des correspondants dans le monde entier, un journal dans lequel vous pouvez d'ailleurs insérer vos propres commentaires.

Les serveurs de news ne s'organisent pas du tout comme les serveurs de messagerie. Au lieu d'avoir des listes d'abonnés, on a des groupes de serveurs, éparpillés sur tout l'Internet. Ces groupes sont définis par leur « portée » et un serveur peut participer à plusieurs groupes. Par exemple, le serveur de news de l'INRIA, à Sophia Antipolis, participe à cinq groupes de distribution : les nouvelles locales, qui ne quittent pas l'établissement, les nouvelles internes à l'INRIA, qui sont aussi diffusées aux autres sites, les nouvelles concernant la Provence, la France et le monde entier. À chaque groupe de serveurs correspond un groupe de rubriques. Les serveurs d'un même groupe se synchronisent régulièrement, s'échangeant les nouveaux messages émis dans leurs rubriques. Ces messages sont relayés de proche en proche à tous les serveurs du groupe. En pratique, il y en a un par « site » du réseau. On trouve donc très rapidement une copie de chaque nouveau message dans chaque site du groupe. Il faut bien sûr un peu plus de temps pour atteindre le monde entier que pour couvrir la seule Provence, mais guère plus de quelques heures en pratique.

Le système des news a donné naissance à un riche folklore. S'exprimer clairement par l'intermédiaire de courts textes demande une certaine expérience, d'autant plus que la typographie disponible est très pauvre. Il faut aussi essayer de s'adapter aux lecteurs. Or, s'ils partagent tous en principe le même centre d'intérêt, ils n'ont pas tous la même formation ni la même connaissance du sujet. De plus, l'expérience montre que, en l'absence de contact physique, il est difficile à des antagonistes de tomber d'accord. En fait, on retrouve tous ces problèmes dans les listes de distribution classiques, mais à un degré d'autant moindre que le groupe est plus petit, que les participants se connaissent mieux, que le groupe est plus homogène.

Il est difficile de faire partager une pensée en se contentant d'écrire quelques phrases, ou plus précisément de les taper sur un clavier d'ordinateur. On est limité aux mises en pages réalisables avec les vieilles machines à écrire, qui n'avaient qu'un seul jeu de caractères. Pire, on ne sait ni souligner ni changer de couleur. Bien sûr, les poètes y arrivent, mais l'art poétique n'est pas forcément très facile à maîtriser, ni les techniques de la poésie faciles à utiliser quand il s'agit de comparer les mérites de deux modèles d'ordinateur. Alors, les internautes ont inventé toutes sortes de palliatifs. La surprise sera d'autant plus vive que le nombre de points d'exclamation sera important, le doute d'autant plus prenant qu'on aura accumulé les points d'interrogations. Les points CAPITAUX du texte seront bien évidemment écrits en capitales. Mais le plus difficile est de faire passer un trait d'esprit, une fine ligne d'ironie. Dans une conversation de salon, l'ironie se décèle immédiatement au sourire du partenaire, à un je ne sais quoi dans l'intonation. Comme il n'y a plus ni sourire ni intonation dans un texte écrit, la plaisanterie risque fort de tomber à plat, le second degré d'être pris à la lettre. Les internautes ont donc créé une convention typographique de leur cru, un petit signe composé de deux points, d'un tiret et d'une fermeture de parenthèse, :-). Si vous renversez la page, vous y verrez deux yeux, un nez et une bouche largement souriante. C'est le signe du sourire, un « smiley » dans le jargon du réseau. Ce genre de conventions amuse beaucoup les nouveaux venus, qui sont tout prêts à inventer des améliorations, pour ajouter qui des lunettes, qui un gros nez, qui des moustaches. Les auteurs néophytes d'un livre sur l'Internet, sans doute en manque de matière, avaient jugé bon de consacrer un chapitre entier à ces variations. Ils auraient aussi bien pu disserter sur l'art de dessiner des chats ou des vaches avec les caractères d'une machine à écrire ! Cet effet de mode rend d'ailleurs la convention suspecte. Les vieux grognards du réseau n'ajoutent jamais de sourires à leurs textes :-)

Les messages émis dans une rubrique sont reçus dans le monde entier, et leurs lecteurs seront très divers. Chaque rubrique attire en fait un cercle d'habitués, en général les experts du domaine, ou au moins ceux des experts les plus enclins à faire connaître leurs opinions. Elle attire aussi un deuxième cercle de lecteurs plus passifs, qui se contentent de poser des questions, de demander des précisions sur tel ou tel point. Si par exemple on cherche à savoir comment régler le protocole TCP-IP dans un cas particulier, disons en utilisant des satellites géostationnaires, on posera la question dans la rubrique « comp.protocol.tcp ». Le lendemain, on aura probablement l'avis sur le sujet de deux ou trois experts du domaine, qui ne seront d'ailleurs pas forcément tous d'accord. Ceci posera deux problèmes, savoir quand poser une question et juger la qualité des réponses. Il faudra éviter de poser des questions déjà débattues et rebattues dans la même rubrique pendant les mois précédents. Ce serait la marque d'un débutant ignare, qui par pure paresse préfère demander à d'autres de résoudre un problème dont la solution traîne dans toutes les librairies. À chaque rubrique est, en fait, associée une liste des « questions fréquentes » et de leurs réponses. Si vous venez d'entrer dans le groupe, il est de bon goût d'attendre quelques jours ou quelques semaines sans intervenir, en vous contentant de lire les messages et cette liste des questions fréquentes. Ceci vous évitera les réponses peu amènes que susciterait une question malvenue, et vous permettra de juger les niveaux d'expertise respectifs des membres du groupe.

L'information qu'on trouve dans un journal, qu'on entend à la radio, est en général contrôlée et vérifiée par les journalistes. Ceux-ci, en principe, évitent de mélanger faits et opinions car il en va de leur crédibilité, de la réputation de leur publication. L'information qu'on trouve dans les news est beaucoup plus brute. L'idée même du système est que chacun peut s'exprimer librement, sans avoir une formation de journaliste. Comment juger la qualité d'une information ? Est-ce que ce message envoyé de Moscou à propos de la Tchétchénie décrit bien la vérité, ou n'est-ce pas plutôt une reprise de la propagande officielle ? Comment savoir, quand deux personnes apparemment expertes soutiennent des opinions contraires, laquelle a raison ? En fait, il n'y a pas d'autre solution que de s'en remettre à son jugement individuel. Petit à petit on se forgera une opinion sur le niveau d'expertise des intervenants, sur leur bonne foi. Dans un système aussi ouvert, toute erreur ou toute information douteuse sera forcément remise en question. Si Tony affirme par exemple que le délai de transmission d'une liaison de télécommunication par satellite est de 200 millisecondes, il se trouvera forcément quelqu'un pour relever l'erreur et lui faire un bref exposé sur la mécanique de l'orbite géostationnaire. En fait, chaque expert se bâtit par ses messages une réputation personnelle. De même qu'on n'achète plus un journal qui a trop souvent publié de fausses informations, on ignore les messages d'un soi-disant expert qui aura été trop souvent ridiculisé.

Tout expert un peu conscient du ridicule devrait donc hésiter deux fois avant de répondre à une question. Hélas, il faut compter aussi avec un sentiment bien humain, la vanité. Ne pas répondre le premier, s'est offrir à quelqu'un d'autre le loisir de vous précéder, l'occasion de briller à votre place. Il importe de se dépêcher. Mais la hâte est mauvaise conseillère, et il arrive donc de se tromper. Quelqu'un va vous le dire. Si on est d'un tempérament calme, modéré et raisonnable, si le message du contradicteur est poli et factuel, on va reconnaître son erreur et ne plus en parler. Mais il arrive souvent au contraire qu'on se vexe, qu'on n'apprécie pas du tout le ton ou le contenu de la réponse. C'est le début de ce qu'on appelle sur le réseau un « échange de flammes. » Graduellement, le ton va monter. On va voir les participants commencer à mettre en doute les capacités intellectuelles de leurs interlocuteurs. Puisqu'ils ne comprennent pas ce qu'on leur raconte, c'est sans doute que leur QI avoisine celui d'un quadrupède asinien. On peut d'ailleurs être beaucoup plus inventif. Pourquoi voudrait-on vous contredire si ce n'est pour détruire votre crédibilité auprès des autres lecteurs ? Il s'agit sûrement d'un complot, et il importe donc d'étaler au grand jour la mauvaise foi de votre adversaire. D'ailleurs, n'est-il pas victime de troubles psychologiques majeurs ? Expliquer au public que cette allusion à un concombre dans le dernier message de votre contradicteur reflète des tendances sexuelles insatisfaites sera sûrement du meilleur effet.

Pour être vraiment réussi, un échange de flammes doit faire intervenir plus de deux participants. On peut s'amuser à en provoquer en grattant un groupe « là où ça le démange », ou mieux encore en faisant intervenir deux groupes à la fois. On peut envoyer des messages simultanément dans plusieurs rubriques. Préparez une question naïve, du type « À votre avis, dois-je acheter plutôt un Mac ou plutôt un PC ? » puis postez-la à la fois dans les rubriques de discussion « Macintosh » et « IBM-PC ». Ceci peut permettre d'obtenir de très bons résultats, surtout en principe auprès des novices. Un internaute expérimenté sait qu'il doit rester rationnel, s'en tenir au fait, ne jamais s'enferrer dans des polémiques oiseuses. Il sait aussi que des messages de ce genre seront en général détruits sans même être lus, d'un simple mouvement de souris, par ceux des internautes qui disposent de logiciels modernes et qui souhaitent obtenir de l'information et non pas perdre leur temps. Mais il faut une certaine maîtrise pour discuter avec des inconnus qu'on ne verra sans doute jamais « en face », et pour apprendre à accepter, de temps en temps, leur opinion. En fait, certaines listes de distribution et certaines rubriques des news sont « filtrées » afin d'éviter que les dialogues soient pollués par trop de polémiques et de questions hors sujet, afin de maintenir à un niveau correct le « rapport signal sur bruit ». Au lieu d'être immédiatement redistribués, les messages sont soumis à un « relecteur » qui décidera soit de les transmettre, soit de les rejeter en envoyant une lettre polie à leur auteur.

News, listes de distributions, courrier personnel sont des services complémentaires. Les rubriques des news traitent de sujets d'intérêt général. Les listes de distributions sont plutôt réservées à des groupes bien identifiés, traitant de sujets plus pointus. Dans les deux cas, on peut répondre à un message soit en s'adressant au groupe entier, soit en engageant un échange privé avec son auteur. Ces services représentent environ un quart des données transmises sur l'Internet, et sont éminemment caractéristiques de l'esprit du réseau. Les échanges sont symétriques, tout lecteur peut devenir émetteur. Ils ont lieu en temps réel, tout message peut parvenir en quelques secondes à l'autre bout du monde, sans barrières ni frontières.

En France, pour le moment, seul un petit nombre de personnes ont accès à ces services, environ deux fois moins qu'en Allemagne, trois fois moins qu'en Angleterre, vingt fois moins qu'aux États-Unis. C'est très dommage. Pour tout dire, c'est faire preuve d'un certain retard, d'une réticence par rapport au monde moderne. Certes, il s'agit là d'un nouvel outil, qu'on doit apprendre à maîtriser, et il faut aussi accepter, si on veut échanger des informations ou des opinions avec des partenaires étrangers, de s'exprimer dans une langue étrangère. Certes, on peut arriver à abuser du service, et comme moi recevoir cent ou deux cents messages tous les matins. Mais tout cela n'est rien, comparé à l'immense ouverture que donne cet outil. Les ordinateurs nous aident à classer les informations, à en maîtriser les flux. À tout prendre, je préfère avoir beaucoup de messages dans ma boîte aux lettres plutôt que de ressembler à ces caricatures d'hommes d'affaires répondant en même temps à cinq téléphones. Même l'obstacle linguistique n'est pas si terrible. La langue des échanges internationaux est une variante d'anglais qui sert de moderne latin, dans laquelle personne ne recherche la perfection grammaticale. Et de toute façon, vous pouvez choisir de communiquer avec des francophones. Personne ne vous obligera à parler anglais à vos compatriotes. La maîtrise de l'outil et du langage viendra vite, et les utilisations seront très nombreuses, qu'il s'agisse de culture, de divertissement, d'échanges scientifiques ou de commerce.

De l'intérêt d'être connecté

La messagerie et les news représentent environ un quart des données échangées sur l'Internet. En fait, de nombreux utilisateurs ont d'abord été raccordés au réseau par des « serveurs de boîtes aux lettres » qui n'offraient que le service de messagerie. Ils se contentaient de se connecter à intervalles réguliers pour « relever leur boîte » c'est-à-dire pour lire leur courrier et y répondre. Ces services restreints avaient l'avantage de ne pas être très chers, puisqu'on ne se connectait au serveur que quelques minutes par jour. Mais surtout, il n'y avait pas besoin d'une machine puissante pour accéder au service. Il suffisait à la limite d'un Minitel, ou de n'importe quel petit ordinateur relié au téléphone par un modem. C'était déjà un premier pas dans l'Internet, mais ce n'était qu'un premier pas. C'est le service dont nous disposions, de 1983 à 1988. Nous étions certes très heureux de pouvoir échanger des messages, mais quand même conscients de n'être alors dans le réseau que des internautes de seconde zone. Nous n'étions pas encore vraiment « connectés ».

L'Internet n'a pas été conçu pour supporter seulement un service particulier, que ce soit la messagerie ou l'accès à des bases de données. Si cela avait été le cas, il serait probablement maintenant périmé, car les services des années 1970 n'intéressent plus grand monde. Derrière l'Internet il y a un projet à la fois beaucoup plus simple et beaucoup plus grandiose, connecter tous les ordinateurs du monde et par conséquent tous leurs utilisateurs. Toutes les techniques que nous avons développées découlent de ce seul objectif, et la croissance soutenue du réseau montre que nous sommes en train de l'atteindre, même s'il reste encore beaucoup de chemin à parcourir.

C'est à Anthony Rutkowski, qui est actuellement le directeur exécutif de l'Internet Society, qu'on doit la phrase qui caractérise le mieux cette croissance du réseau. « Connectivity is its own reward » : la connectivité est sa propre récompense, se justifie d'elle même. La croissance du réseau s'explique par au moins deux « cercles vertueux », l'effet de « famille » d'une part, l'effet de « marché » d'autre part.

L'effet de famille est facile à comprendre si on analyse l'application de messagerie. L'Internet n'est pas le seul réseau qui a fourni ce type de service. Des systèmes similaires avaient été développés auparavant, mais ils étaient limités, soit à un pays donné, soit à un seul type d'ordinateurs, soit à une catégorie particulière d'utilisateurs, par exemple les chercheurs en physique nucléaire, les clients d'une base de données, les employés d'une société multinationale. Certains de ces systèmes avaient même des performances supérieures, des logiciels plus faciles à utiliser. Pourtant, ils ont tous progressivement été absorbés par l'Internet, car le seul critère qui vaille est la « connectivité ». Un réseau de messagerie est d'autant plus utile qu'on peut y joindre davantage d'utilisateurs. On l'a vu en son temps avec le téléphone, puis avec le fax. Il n'y avait guère de raison d'acheter une machine de fax quand on ne pouvait joindre que quelques abonnés dans des pays lointains. En revanche, dès qu'on voit que presque tous les commerces et toutes les usines peuvent émettre et recevoir des fax, il est presque inenvisageable de ne pas s'équiper. La même chose est vraie de l'e-mail. Quand mon éditeur s'est rendu compte que de nombreux auteurs utilisaient couramment l'e-mail, il s'est procuré une boîte aux lettres. Ce faisant, il a contribué à augmenter la taille du réseau, et donc à le rendre plus attractif, par exemple pour les imprimeurs. De proche en proche, le service se répand, la famille s'agrandit. On comprend mieux pourquoi le réseau double de taille tous les ans, si on accepte l'idée que l'intérêt d'être connecté est d'autant plus grand que la taille du réseau est élevée. Il suffit de se rappeler quelques notions élémentaires de calcul intégral. L'attraction détermine le volume de nouveaux arrivants, donc la dérivée de la taille du réseau. Si la dérivée est proportionnelle à la taille, alors la croissance est exponentielle. En langage commun, cela s'appelle faire boule de neige : plus la boule est grosse, plus elle amasse de neige à son passage, donc plus elle grossit.

Mais ne nous arrêtons pas à la messagerie, et examinons maintenant le cœur de l'Internet, sa partie connectée. On ne se contente pas d'y envoyer des messages, on peut aussi échanger directement des données entre programmes informatiques, par exemple pour recopier des fichiers ou des logiciels, pour accéder à des bases de données, pour utiliser à distance les ressources de superordinateurs. Le même effet de famille y prévaut. Être connecté est d'autant plus intéressant qu'on trouve sur le réseau davantage de fichiers, davantage de logiciels, davantage de bases de données. Mais on va observer de plus un effet de « marché », car il est d'autant plus intéressant de raccorder une base de données au réseau qu'il y a davantage d'utilisateurs potentiels. On aura donc là aussi un cercle vertueux. Plus il y a d'utilisateurs, plus il est intéressant de fournir des services. Mais, plus il y a de services, plus il y a de raisons de se connecter, et donc plus il y aura de nouveaux utilisateurs. On observera la même avalanche de demandes, qui se combinera d'ailleurs avec une évolution accélérée du réseau, avec le développement de nouvelles applications. Plus il y a d'utilisateurs, plus il y a aussi de créateurs de logiciels prêts à servir ces utilisateurs. On verra donc de plus en plus de nouveaux services se mettre en place, qui attireront de plus en plus de nouveaux utilisateurs, renforçant ainsi la croissance du réseau.

Décrire les services de l'Internet en parlant seulement de « recopies de fichiers » ou d'« accès à des bases de données » est très réducteur. Il y a bien des manières de recopier des fichiers, bien des types de bases de données et encore plus de manières d'y accéder. Quand l'Internet ne regroupait qu'un petit nombre d'experts informaticiens, il n'y avait guère que deux ou trois « protocoles d'accès » en usage courant. Pour copier des fichiers, on utilisait le logiciel « ftp » (file transfer protocol). Il fallait connaître l'endroit exact du réseau où trouver le fichier, donc le nom exact du serveur. Il fallait ensuite se connecter explicitement à ce serveur, en déclinant nom et mot de passe, puis fournir le nom du fichier dans ce serveur. Pour accéder à des bases de données, il fallait ouvrir une connexion avec le serveur à l'aide du protocole « telnet ». On fournissait ensuite nom et mot de passe, et on obtenait l'équivalent d'un « branchement de terminal », permettant de taper au clavier des ordres pour ce serveur, comme si on avait disposé d'une prise directe. Bien sûr, chaque serveur avait ses commandes propres, qu'il fallait à chaque fois apprendre. Tout cela paraissait naturel aux informaticiens, pas particulièrement plus complexe que les invocations cabalistiques qu'ils devaient de toute façon utiliser pour se servir de leur propres ordinateurs. Mais, au fur et à mesure que le réseau croissait en taille et englobait des utilisateurs de plus en plus divers et aussi de moins en moins experts, on a vu apparaître des méthodes plus conviviales.

On peut placer le tournant environ à l'année 1990, alors que l'Internet comptait déjà plusieurs centaines de milliers d'utilisateurs. On vit se développer une extension au service de courrier électronique, appelée MIME (Multimedia Internet Mail Extension), pour permettre des contenus plus riches que de simples textes. MIME rajoute dans l'en-tête des messages quelques lignes décrivant le « type de contenu » qui peut être un texte, mais aussi une image, un message vocal, voire un mélange de tout cela. C'est grâce à MIME qu'on peut aussi spécifier le codage du texte, l'alphabet utilisé. Au lieu d'être limité aux minuscules et majuscules romaines utilisées en anglais, on peut donc transmettre des caractères accentués comme en français ou en allemand, voire de l'arabe, du grec, du chinois ou du japonais. À peu près en même temps, furent également mis au point des outils simples et utiles, mais affublés de noms barbares comme « archie », « wais » ou « gopher ».

Il y avait déjà à cette époque sur l'Internet un grand nombre de serveurs de fichiers « publics ». Il y en a encore plus maintenant. On peut y trouver des documents, par exemple des rapports techniques que leurs auteurs veulent faire connaître, ou des logiciels que leurs concepteurs veulent faire essayer par la communauté. Rapports et logiciels sont consignés dans des fichiers, auxquels on peut accéder à travers le réseau grâce à une convention particulière du protocole « ftp ». Après s'être connecté au serveur, on doit normalement déclarer son nom, c'est-à-dire son numéro de compte, puis son mot de passe. Mais, dans un serveur public, les utilisateurs ne sont pas connus d'avance, et on ne peut pas leur avoir attribué de mot de passe. On utilise donc une convention particulière, dite « ftp anonyme ». Quand on lui demande son nom, l'utilisateur répond « anonymous ». Quand on lui demande son mot de passe, il pourrait aussi bien répondre n'importe quoi. On lui suggère en général de donner son nom sur l'Internet, c'est-à-dire son adresse de messagerie, ce qui permet au serveur d'avoir une idée de ces clients et de tenir des statistiques. Mais, comme on le disait ci-dessus, il faut connaître le nom du serveur et l'endroit exact où le fichier qu'on recherche est rangé dans ce serveur, son nom local. Bien souvent, on ne connaît que le nom du document ou du logiciel. « Archie » fut précisément mis au point pour répondre à ce besoin. Les serveurs « archie » gèrent des bases de données listant l'ensemble des fichiers disponibles sur l'Internet. Pour obtenir un fichier précis, on se connecte à un de ces serveurs et on lui soumet le nom du document recherché. On recevra en retour une liste des serveurs publics possédant une copie du fichier demandé, ainsi que le nom précis du fichier dans lequel trouver ce document. Il ne reste plus alors qu'à choisir le serveur le plus proche, ce que certaines implémentations d'archie permettent d'ailleurs de faire en pointant simplement le serveur dans la liste avec une « souris ». Un simple clic suffit !

Archie ne crée pas vraiment un nouveau service, mais se contente de rendre plus facile la recherche sur l'Internet de fichiers dont on connaît le nom, l'équivalent du titre d'un livre. Mais quand on rentre dans une bibliothèque, on ne connaît en général pas le titre exact du livre avec lequel on ressortira. On peut avoir une idée générale, par exemple rechercher un livre sur la « cuisine chinoise ». On consultera un catalogue, ou bien on demandera son avis à un bibliothécaire, qui vous donnera une liste d'ouvrages disponibles et vous demandera peut-être un peu plus de précisions. S'agit-il de cuisine de viandes ou de poissons ? À la casserole ou à la vapeur ? Le logiciel « wais » fut développé pour fournir ce genre de services sur l'Internet. Son nom est composé des initiales de Wide Area Information Service, qu'on pourrait traduire par « recherche d'information au long cours ». L'utilisateur se connecte au serveur « wais » qui gère une bibliothèque et fournit une liste de mots clefs décrivant sa recherche, que ce soit des descriptions de contenu, du genre « cuisine chinoise à la vapeur », ou des noms d'auteurs. Le serveur en retour fournit une liste d'ouvrages qui se rapportent au sujet. Si la bibliothèque a été complètement numérisée, il suffit de « cliquer » sur un ouvrage de la liste pour en faire apparaître à l'écran le contenu. Sinon, on pourra en général en obtenir au moins un résumé et les références exactes. Bien sûr, pour consulter le catalogue, il faut connaître le nom du serveur qui gère la bibliothèque, mais c'est assez facile car les serveurs sont donc eux-mêmes catalogués dans des « serveurs de serveurs ».

Le logiciel « gopher » introduisit une nouvelle dimension dans la recherche d'informations sur l'Internet, la « navigation ». De même qu'un bateau peut caboter de port en port, gopher permet de visiter l'Internet en passant de menu en menu. Le point de départ du voyage est le menu d'accueil du plus proche serveur gopher, c'est-à-dire une liste de lignes décrivant chacune un titre particulier, un peu comme la table des matières d'un livre. En cliquant sur une ligne, on peut afficher un nouveau menu. On peut par exemple choisir un chapitre et voir alors s'afficher la liste des sous-titres correspondants. Au bout de la recherche, on identifie un document, par exemple une page du livre, qu'on peut alors lire. Mais il y a une différence entre l'Internet et un livre. On n'est pas forcé de toujours descendre, du chapitre vers le sous-titre puis la page. Rien n'empêche d'insérer dans les menus des lignes qui pointent vers d'autres livres, vers d'autres serveurs, sur d'autres sites de l'Internet. Ce mode d'interaction, apparu en 1991, remporta immédiatement un très grand succès. En 1993, le bulletin de liaison de l'Internet Society, dans son édition d'automne, rapportait que le trafic lié à gopher avait crû en un an de 997 %. Des services annexes avaient été développés, en particulier un serveur de serveurs appelé « veronica », pour permettre une navigation accélérée.

L'apparition de ces services, beaucoup plus faciles à utiliser que les outils « pour informaticiens avertis » qui avaient cours aux débuts de l'Internet, a permis de populariser le réseau, de l'ouvrir à de nouvelles catégories d'utilisateurs. Mais le service qui a vraiment rendu l'Internet populaire est certainement le « World Wide Web », qui a été développé en 1992 et a commencé à se répandre dans l'Internet en 1993. La traduction littérale de « world wide web » serait « toile d'araignée mondiale », car l'idée de base de ce que nous appelons maintenant « le web » est de tisser des liens entre les serveurs du monde entier. Le web, conçu en 1989 par Tim Berners-Lee, repose sur trois idées principales, la navigation par « hypertexte », le support du multimédia, et l'intégration des services préexistants.

Vous avez peut-être déjà passé quelques heures à feuilleter un dictionnaire. Vous vouliez avoir des informations sur tel ou tel grand homme dont vous ne vous rappeliez plus la date de naissance, mais en lisant l'entrée correspondante vous avez eu envie d'en savoir plus sur la ville où il était né, puis sur le roi qui fonda cette ville, sur la mère dudit roi. Au lieu de lire un livre « dans l'ordre », page après page, vous allez passer votre temps à aller et venir de page en page, sans ordre précis, simplement parce que chaque entrée en appelle une autre. Ce mode de lecture est d'ailleurs très fréquent dans les manuels techniques. Au lieu de les lire d'une traite, de la première à la trois-cent-soixante-dizième page, on commence en général par consulter l'index ou la table des matières, pour essayer de résoudre une question précise, qui souvent en appellera quelques autres. L'organisation d'un document en « hypertexte » permet d'informatiser ce processus. Certains des mots peuvent être marqués comme des « clefs d'accès ». Quand on lit un paragraphe contenant une de ces clefs d'accès, il suffit de cliquer sur le mot correspondant pour en afficher la définition, pour continuer la lecture à la page où le mot est défini. Le web est organisé autour de ce concept. Quand on conçoit une « page web » on peut marquer certains mots comme des clefs d'accès et y associer un pointeur vers une autre page. L'autre page n'est pas tenue d'appartenir au même livre, au même serveur. De même que l'utilisateur de gopher naviguait de menu en menu sans avoir conscience d'utiliser plusieurs serveurs, l'utilisateur du web navigue de page en page et peut ainsi parcourir l'Internet.

Si gopher permettait une certaine forme de navigation, les menus affichés avaient encore un aspect « informatique » très marqué. Le web, au contraire, permet des mises en pages sophistiquées. On peut organiser le texte en listes et paragraphes, insérer titres et sous-titres. On peut aussi y insérer des images et des illustrations sonores, réalisant ainsi des documents « multimédias ». On peut associer des pointeurs vers d'autres pages non seulement aux mots du texte, mais aussi aux images, voire à un morceau de ces images. On trouve par exemple dans le serveur de l'INRIA une carte de France, où sont indiquées les différentes unités de l'Institut. On accède à la page décrivant chacune de celles-ci en cliquant sur l'endroit correspondant de la carte. En fait, on n'est pas obligé de diriger les pointeurs vers d'autres pages web. On peut aussi s'en servir pour charger des documents préexistants, par exemple des fichiers contenant des textes déjà mis en pages, des images, voire des séquences vidéo. Les dialogues entre clients et serveurs du web permettent en effet aux serveurs de signaler le « type de contenu » de la « page » accédée, en utilisant d'ailleurs exactement les mêmes codages que MIME, l'extension multimédia de la messagerie. Pour utiliser le web, il faut activer un programme, comme par exemple Mosaic ou Netscape. Quand le client « clique sur un pointeur », ce programme envoie une requête au serveur. Si le type de contenu fait partie de ceux qui, comme le texte, les images ou le son, ont été « pré-programmés », le programme se charge lui-même de les « présenter », c'est-à-dire de les écrire, de les dessiner ou de les jouer. Sinon, si par exemple il s'agit d'une séquence vidéo, on la recopiera dans un fichier puis on appellera un autre programme pour la jouer à l'écran.

Cette capacité à traiter des documents multimédias explique pour une large part le succès du web. Mais la vitesse avec laquelle ce système s'est déployée dans l'Internet s'explique aussi par sa capacité à intégrer des services préexistants. Chacun de ces services, comme par exemple les news, ftp, wais ou gopher, a sa propre structure de dialogue, son propre protocole d'accès. En principe, ces protocoles sont incompatibles. Essayer de brancher un client gopher sur un serveur web, c'est un peu comme essayer de parler hébreu à un chinois. On aura de la peine à communiquer. Mais heureusement, les protocoles d'échanges sont plus faciles à apprendre à un ordinateur que l'hébreu ou le chinois. On peut donc facilement programmer un logiciel d'accès au web pour qu'il parle plusieurs langues, c'est-à-dire non seulement le protocole « http » propre au web, mais aussi les protocoles des news, celui de ftp, celui de gopher. Cela va permettre de créer des pages web qui pointent non seulement vers des serveurs web, mais aussi vers des serveurs de news, de fichiers ou de documents. En fait, les « pointeurs » du web comportent trois indications, le type de protocole à utiliser, le nom du serveur et le nom du fichier dans le serveur. C'est ce qui a permis de déployer le service dès 1992, en incitant les premiers clients à s'équiper de logiciels d'accès alors qu'il y avait encore très peu de serveurs web dans l'Internet. C'est aussi ce qui permettra d'étendre le service par exemple en y rajoutant des consultations d'annuaires ou bien l'accès à des services multimédia « temps réel ». Si le pointeur indique une méthode d'accès qui n'est pas programmée dans le logiciel du client, on peut essayer de sous-traiter la consultation à un autre programme, qui se chargera soit d'afficher lui-même les données, soit de les recopier dans un fichier pour le compte du logiciel web.

Le web est un très grand succès. En trois ans, des dizaines de milliers de serveurs ont été installés, des millions d'utilisateurs ont découvert le multimédia. On pourrait facilement écrire des livres entiers pour en expliquer les détails, et il doit bien y avoir déjà une douzaine de tels livres publiés ou en cours de préparation. Mais le web n'est pas tout. La spirale vertueuse ne va pas s'arrêter en si bon chemin. Comme de plus en plus d'utilisateurs continuent à se connecter, on peut s'attendre à voir proliférer les adjonctions au web d'une part, les nouveaux services d'autre part. On voit déjà se mettre en place des systèmes de paiement, permettant le développement d'un web commercial. Mais on assiste aussi aux essais de services radicalement différents, permettant par exemple les transmissions multimédias en temps réel, que ce soit pour du « travail coopératif » ou pour du télé-enseignement. Qui sait ce que nous verrons demain ? Le rêve initial de connecter tous les ordinateurs du monde est en train de prendre forme, et le résultat est déjà fantastique.

La connectivité universelle est déjà pratiquement effective dans la communauté scientifique, et les résultats sont évidents. Des laboratoires qui jusque-là étaient restés un peu à l'écart, isolés dans une petite université, dans une ville éloignée des grands centres d'activité, sont maintenant intégrés dans la communauté mondiale. Les échanges électroniques leur permettent d'interagir efficacement avec leurs collègues du monde entier, d'échanger messages et documents, d'accéder à des bibliothèques et à des expériences. Il en sera bientôt de même pour l'ensemble des universitaires, et on peut penser que l'industrie et le commerce suivront. En fait, on observera sans aucun doute que l'Internet est un puissant outil de réduction des inégalités géographiques. En installant des infrastructures de communication bon marché dans des pays en développement, on y offrira des opportunités nouvelles, que ce soit pour faciliter l'accès au savoir et à l'éducation, ou encore pour développer le commerce.

On pourrait bien sûr argumenter que la connectivité existait bien avant l'Internet, par exemple à travers le réseau téléphonique. Mais l'Internet offre bien plus. Il permet aux ordinateurs d'échanger textes, données et documents multimédias sous forme numérique. Ce format assure des transmissions efficaces, mais il permet aussi de retravailler les données reçues. Elles ont gardé leur structure, on peut les traiter. Il est déjà tout à fait courant dans la communauté scientifique de voir des auteurs collaborer à l'écriture d'un livre, corrigeant chacun les chapitres des autres, sans avoir à se réunir physiquement. Mais on peut penser que d'autres catégories d'utilisateurs en tireront les mêmes avantages. Si par exemple les commandes, factures et paiements sont reçus sous forme électronique, il devient facile de les introduire automatiquement dans les programmes de comptabilité. De même, si on reçoit des plans et des spécifications complexes, on pourra les introduire dans les programmes de contrôle de fabrication.

Il est donc urgent de se connecter. Il y a encore quelques années, il aurait été tentant de faire un premier pas en achetant simplement une boîte aux lettres dans un serveur de messagerie. Mais ce n'est plus guère envisageable. Dans mon livre sur « le routage dans l'Internet », j'invoquais à ce propos l'histoire du légionnaire perdu dans le désert. Il a perdu sa compagnie et cherche à rejoindre son camp. Mais il en est loin. Sa gourde est vide. Malgré la soif, il continue à marcher. Plusieurs fois déjà il a trébuché dans le sable du désert et son avenir paraît glauque. Tout à coup, un point grossit dans le ciel. C'est un hélicoptère, peint en rouge et blanc, qui se met en vol stationnaire au-dessus de lui. On distingue clairement le logo de Coca-Cola sur la carlingue. Il atterrit et une équipe de télévision en sort qui se précipite vers notre légionnaire en le filmant. Le reporter s'approche de lui et lui demande : « Quelle est votre boisson favorite ? »

Notre légionnaire, en l'absence d'eau, de vin ou de bière, sera content de trouver du Coca-Cola. De même, jusqu'en 1988, en l'absence de vraie connectivité, j'étais très heureux de pouvoir utiliser au moins l'e-mail. Mais je ne conseillerais aujourd'hui à personne de se connecter à l'Internet en se coupant de tous les services « connectés », du transfert de fichier, du web. À une époque, c'était encore justifié parce qu'un peu moins cher. Mais cela n'a plus guère de raison d'être aujourd'hui. Le moindre PC ou Macintosh peut être doté de logiciels au standard TCP-IP de l'Internet. Il peut, en utilisant une prise téléphonique et un modem, se brancher à un fournisseur de connexions à l'Internet, et accéder à travers ce fournisseur à tous les services du réseau, et ce pour un prix qui n'a aucune raison d'être plus élevé que celui d'une simple connexion de messagerie. En fait, le service sera probablement moins coûteux, puisque le protocole TCP-IP permet de rapatrier rapidement sur son ordinateur le contenu de sa boîte aux lettres. On n'aura pas besoin de laisser le téléphone branché au serveur, on pourra consulter tranquillement son fichier en économisant les taxes.

La première connexion d'un particulier ou d'une petite entreprise à l'Internet se fera d'ailleurs probablement en les rattachant, à l'aide d'un téléphone et d'un modem, à un « serveur Internet ». On aura ainsi une connexion intermittente, seulement opérationnelle quand on se sera effectivement connecté au serveur. Une fois la connexion établie, on aura accès à tout l'Internet. On pourra aller chercher des fichiers, utiliser le web, consulter les bases de données distantes, exactement comme tout autre ordinateur connecté. Le seul problème sera l'e-mail. Les correspondants, à l'autre bout de l'Internet, ignorent à quel moment la liaison téléphonique est opérationnelle et à quel moment elle est débranchée. Ils risquent donc d'émettre des messages à un moment où la connexion n'est pas établie. Pour que ces messages ne se perdent pas, il faudra que le serveur fournisse des boîtes aux lettres, pour recueillir les e-mails arrivant aux clients quand ils ne sont pas connectés. On aura ainsi un service économique, car on n'activera la liaison que quelques minutes par jour, pour relever les boîtes aux lettres d'une part et quand on aura besoin de consulter des bases de données d'autre part. Mais on aura aussi un service limité. On ne pourra qu'être un « client », pas un « serveur ».

En fait, il est un peu dommage de ne se connecter à l'Internet qu'à moitié. Si on veut recevoir son courrier « en temps réel », si on veut publier ses propres données, il faut une connexion permanente. Les connexions intermittentes ne sont que des compromis, imposés par le coût des communications téléphoniques et plus généralement des circuits de transmissions de données. Ces liaisons sont encore en France fournies par une administration dotée d'un monopole d'état. Leur coût est deux à dix fois plus élevé que celui qu'on observe dans les pays où règne la concurrence. Il faut donc parfois faire des compromis, en tout cas jusqu'à la libéralisation des télécommunications attendue en 1998. Cependant, l'entreprise qui se connecte à l'Internet s'apercevra très vite que, même aux tarifs actuels, il vaut mieux acheter une liaison permanente. Notre centre de recherche est passé par toutes ces étapes. Au fur et à mesure que l'utilisation de l'Internet se répandait parmi les chercheurs, nous avons dû augmenter la taille de nos raccordements. En 1988, nos liaisons avaient un débit de 64 000 éléments binaires par seconde, 64 « kilobits par seconde » ou « kbps » dans notre jargon. Six ans plus tard, nous en sommes à 32 fois plus, 2 Mégabits par seconde. Et nous comptons bien multiplier ce débit par dix d'ici quelques années.

À cela, une raison simple : l'Internet se développe constamment. Nous y avons de plus en plus de partenaires, nous y utilisons de plus en plus d'applications, nous en retirons de plus en plus de services. On est très loin maintenant du petit réseau expérimental développé à partir de 1969 pour l'armée américaine. Et pourtant, ce développement témoigne de la qualité de l'architecture initiale, de la rigueur des principes qui on guidé la conception du réseau.

Réseaux et bombes atomiques

Une légende tenace et sulfureuse voudrait que l'Internet trouve sa source dans des recherches militaires américaines, qu'il ait d'abord été conçu comme un réseau militaire. Effrayés par l'idée qu'une seule bombe atomique bien placée, en détruisant le quartier général, aurait pu démanteler leur armée, ces militaires auraient suscité la mise au point d'un réseau hyper-résistant parce qu'entièrement décentralisé. Cette technique serait ensuite sortie toute armée des bases et des casernes, pour avec l'Internet conquérir le monde. C'est une belle légende, même si elle n'est pas tout à fait exacte.

La réalité est nettement plus pacifique. Au début de l'Internet, on trouve bien des recherches démarrées en 1969 par le département des « projets avancés » de l'armée américaine, qui s'appelait à l'époque l'Arpa et s'appelle maintenant le Darpa. Il ne s'agissait toutefois pas de développer un réseau reliant des centres de commandements ou des stations de radar, mais plus simplement de relier des ordinateurs de recherche. À l'époque, pour utiliser à distance un ordinateur, il fallait installer dans son bureau un « terminal » (écran et clavier) et le relier à cet ordinateur par une liaison « dédiée ». Dans son bureau de l'Arpa, le responsable de ce projet avait accès à trois ordinateurs et avait donc dû installer trois terminaux et trois connexions. En voyant cette quincaillerie, il ne pouvait s'empêcher de penser que quelque chose était anormal. Pourquoi ne pas remplacer ces trois connexions par un système de transmission permettant à un terminal unique d'accéder aux trois ordinateurs distants ? C'est cette idée, somme toute assez éloignée des bombes atomiques, qui est à l'origine du projet de réseau de l'Arpa, Arpanet.

En fait, il ne reste plus grand-chose dans l'Internet actuel des codes et formats de l'Arpanet, si ce n'est le plus important, la technologie de transmission de données « par paquets », développée dans l'enthousiasme à partir de 1969 par les pionniers de l'Arpanet. Les premières démonstrations eurent lieu en 1971. D'autres réseaux commençaient à voir le jour, comme Cyclades en France, créant autant de communautés isolées. En 1973, Vint Cerf et Bob Kahn créèrent le concept d'Internet, proposant d'interconnecter ces réseaux isolés en leur imposant un « langage commun » qui serait compris par des « passerelles » et permettrait de relayer des paquets de réseau à réseau. La légende veut que Vint ait gribouillé un modèle d'architecture sur le dos d'une enveloppe, et que ce petit dessin ait suffit à emporter la conviction de Bob. Le « projet Internet » venait de commencer. Il fallut définir ce langage commun, dont les parties les plus visibles sont le « protocole Internet » (IP) et le « protocole de contrôle de transmission » (TCP). Les premières versions furent publiées vers 1978, mais tout cela ne fut vraiment achevé et mis en place qu'en 1981.

Les fins de l'Internet sont on ne peut plus pacifiques, puisqu'il s'agit d'interconnecter des réseaux et, par là même, de relier les hommes. Cependant, il y a un grain de vérité dans la saga des bombes atomiques. Les architectes se sont attachés à construire le réseau le plus solidement possible, afin de garantir qu'il puisse croître. Pour cela, ils se sont attachés à éliminer tout point central, ce qui allait à l'encontre des habitudes de l'époque. En éliminant tout point central, ils ont fabriqué un réseau très robuste. Il n'y a pas de « cerveau » qu'on puisse annihiler par une « frappe chirurgicale », ce qui est sans doute une des conditions nécessaires pour résister à une guerre nucléaire. Mais ce n'est pas la seule. Il faut aussi protéger les ordinateurs du réseau contre l'onde électromagnétique de choc, la tempête électronique que peut provoquer une explosion nucléaire en altitude. Il faudrait sans doute, pour prémunir les ordinateurs de l'Internet contre ce genre de risque, les isoler derrière des blindages de plomb. À ma connaissance, cela n'a jamais été fait. Néanmoins, l'absence de point central était suffisamment révolutionnaire pour frapper les esprits.

Pour faire fonctionner un réseau, il faut en coordonner les éléments, en particulier les briques de base, les « routeurs. » Ce sont des petits ordinateurs spécialisés, chargés d'acheminer les paquets de données, de les relayer de proche en proche. Pour cela, il faut qu'ils connaissent les meilleurs relais pour chaque utilisation, qu'on regroupe traditionnellement dans des « tables de routage, » l'équivalent informatique des panneaux indicateurs de nos carrefours. Mais un paquet de données n'est pas une automobile, n'a pas de conducteur, et n'est donc pas capable de corriger de lui-même une erreur d'orientation. Si les tables de routage sont erronées, on peut facilement obtenir des « boucles » ou des « trous noirs. » Si par exemple le routeur de Paris pense que pour aller à Toulouse il faut passer par Lyon, que celui de Lyon croit que la route de Toulouse passe par Bourges, et que celui de Bourges est convaincu qu'elle passe par Paris, les paquets destinés à Toulouse vont faire une ronde infernale entre Paris, Lyon et Bourges, mais n'arriveront jamais à destination. De même, si la route normale de Toulouse passe par Lyon et Arles, mais que ce deuxième routeur est tombé en panne, les paquets qu'on continuerait à y envoyer y termineraient leur carrière, comme s'ils avaient été absorbés par un « trou noir » dont aucune lumière ne ressort.

On doit, pour éviter les boucles, garantir que les tables de routage sont cohérentes, que leurs mises à jour sont synchronisées. Pour éviter les trous noirs, on doit détecter les portions du réseau qui sont en panne et éviter d'y faire passer des données. D'une manière générale, on doit mettre à jour les tables de routage à chaque fois que la configuration du réseau change, de manière à toujours envoyer les paquets sur les chemins les plus courts et les plus sûrs. En 1970, quand on concevait les premières versions de l'Arpanet, la solution « normale » aurait été de faire calculer les tables de routage par un « centre de gestion » central, en utilisant des procédures de télésurveillance pour connaître l'état des liaisons et des machines du réseau. Une fois cet état connu, il suffit de le reporter dans la mémoire d'un opérateur de puissance suffisante, de calculer les meilleures routes puis de les télécharger dans les différents routeurs. Mais les concepteurs de l'Arpanet, puis les architectes de l'Internet, firent de très gros efforts pour éviter cette solution, d'une part parce qu'un centre de gestion unique rend le réseau vulnérable, d'autre part parce que la présence d'un élément central hypothèque la croissance future. Une phrase de Bob Kahn, qui était à l'époque un des responsables du programme, illustre bien cette attitude. Les solutions centralisées, faciles à contrôler, avaient les faveurs des opérateurs classiques de télécommunication. Elles les ont souvent encore d'ailleurs. Pour réussir des recherches en réseau, disait Bob Kahn, il importe d'étudier ce que font les PTT. Il importe même de le faire très sérieusement, afin de bien comprendre leurs décisions. Et il faut ensuite faire exactement le contraire.

Au lieu de centraliser les calculs de routes, on les a distribués sur l'ensemble des nœuds du réseau. Chacun surveille son environnement immédiat, c'est-à-dire ses liaisons et ses voisins. Il passe ensuite les informations correspondantes aux autres nœuds, et utilise les informations qu'il en reçoit pour déterminer les meilleures routes. Ces échanges sont déterminés par des ensembles de règles, par des « protocoles de routage » qui spécifient le format des messages et les algorithmes de calcul. En 1970, on utilisait des protocoles assez frustes, mais néanmoins robustes et suffisants, car le réseau ne comprenait qu'un petit nombre de machines. Au fur et à mesure que le réseau a crû, on a développé des algorithmes de plus en plus sophistiqués. À l'heure actuelle, on utilise une organisation en deux niveaux. Chacun des réseaux qui compose l'Internet est considéré comme un « système autonome » et doit utiliser un protocole de routage « intérieur » pour maintenir sa connectivité interne. Il existe plusieurs protocoles de ce type. Certains sont très simples et bien adaptés à de petits réseaux, d'autres sont très sophistiqués et permettent de réagir en quelques secondes aux changements d'état de très grands réseaux. Ces réseaux doivent ensuite s'interconnecter les uns aux autres, pour former l'Internet. Ces interconnexions sont gérées par un deuxième type de protocole, dit « de routage extérieur », dont la conception est un peu différente. À ce niveau, il ne suffit pas de simplement calculer les chemins les plus courts. Il faut aussi prendre en compte les coûts des différents chemins, les accords commerciaux, les contrats entre partenaires. Mais, là encore, on a une solution distribuée, qui permet de résister facilement aux pannes.

La solution distribuée a aussi l'avantage de permettre la croissance harmonieuse du réseau. Imaginons qu'on ait choisi une solution centralisée. Les liens de télésurveillance censés indiquer l'état des différentes liaisons en auraient constitué le système nerveux, le centre de calcul le cerveau, les procédures de télécommande les muscles. Cela aurait très certainement fonctionné à l'époque où l'Internet ne connectait que quelques dizaines de machines. Mais il en compte maintenant plus de cinq millions. C'est un peu comme si on était passé de la taille d'une souris à celle d'un dinosaure. Le système nerveux aurait dû s'étirer pour suivre cette croissance, le cerveau et les muscles enfler démesurément. Si les nerfs sont trop longs, les signaux mettent trop longtemps à parvenir au cerveau, dont les décisions sont ralenties d'autant. Même si la puissance des ordinateurs augmente, on aurait très vite ressenti les limites du système. Le nombre de routes croît beaucoup plus vite que le nombre de nœuds, puisque de chaque point on peut aller à chaque autre, et si on double le réseau, il faut plus que doubler la puissance de calcul. Le volume d'information à télécharger augmente également, risquant de saturer les liaisons du réseau. De plus, qui dit point central dit autorité centrale. Faut-il choisir l'armée américaine, un collège de sages comme l'IAB, une organisation internationale comme l'ONU ? Une solution distribuée évite de se poser la question. Tous les réseaux coopèrent, tous sont égaux.

Le souci de ne pas dépendre d'un point central imprègne également la conception des applications, et plus généralement la répartition des fonctions entre le réseau d'une part, les ordinateurs qui l'utilisent d'autre part. Schématiquement, on peut dire que les opérateurs de télécommunication classiques cherchent à fournir des services aussi sûrs et agréables que possible. Par exemple, ils chercheront à garantir que le réseau ne perd pas de données, ou alors presque jamais. Ils chercheront à fournir des « garanties de services », de manière à justifier les tarifs dispendieux qu'ils souhaitent continuer à pratiquer. En résumé, ils chercheront à avoir un réseau très performant, même si cela doit le rendre très complexe. En application de la recommandation de Bob Kahn, l'Internet procède différemment. Il s'agit de garder le réseau aussi simple que possible, de ne jamais y ajouter une fonction qui pourrait tout aussi bien être réalisée par les clients eux-mêmes. Prenons par exemple le contrôle des erreurs. Il arrive que l'Internet perde des données, soit qu'un rayon cosmique frappe au mauvais moment un circuit électronique de réception, soit que la saturation temporaire d'une liaison oblige un routeur à détruire des paquets en transit. On pourrait imaginer de mettre en œuvre un ensemble complexe de procédures, où chaque nœud du réseau s'assure que son voisin a bien reçu chaque paquet de données, et le répète si besoin est. C'est d'ailleurs l'architecture qu'avaient choisie les PTT pour leur service de transmission de données, dans le standard X.25. Mais ce n'est pas très utile, car les clients du réseau peuvent réaliser très simplement cette fonction, en répétant eux-mêmes les données que leur partenaire n'aurait pas reçues. En fait, c'est même plutôt nuisible, car le réseau devra répéter systématiquement tous les paquets manquants, alors que les utilisateurs, ou plutôt les machines qui les servent, pourront prendre des décisions plus intelligentes. Si on transmet par exemple des images vidéo, il ne sert à rien de répéter un paquet perdu, il vaut beaucoup mieux transmettre tout de suite l'image suivante. La soi-disant intelligence du réseau, loin d'être un atout, se révèle un frein aux évolutions futures.

L'idée même de rendre le réseau « intelligent » procède en général d'une analyse à courte vue. On essaye de prédire les services que fournira le réseau, les logiciels qui transmettront des données, les « applications ». On essaye ensuite de mettre dans le réseau ce qu'il faut pour que ces applications puissent être utilisées de manière efficace, en programmant tel ou tel service additionnel. Bien sûr, il s'écoule quelque temps entre le moment où on spécifie le réseau et le moment où celui-ci est mis en service. Et on peut quand même espérer qu'un réseau continue à servir quelques années après sa construction. Mais cela n'effraye guère les opérateurs classiques de télécommunication. Ce sont en général des gens assez conservateurs. Leur application phare, la téléphonie, a été conçue au dix-neuvième siècle. Ils sont certes prêts à envisager quelques évolutions, à l'image de ces conservateurs qui sont prêts à envisager de présider à quelque changement, mais à condition que ces changements-là ne changent rien de vraiment important. Il ne leur vient sans doute pas à l'idée que, en informatique, on assiste à une révolution tous les trois ans environ. Il y a deux ans, un service comme gopher voyait son utilisation décupler tous les ans, mais le web, deux ans après, l'a presque entièrement remplacé. Rendre le réseau intelligent, c'est aussi le rendre rigide. C'est justement parce que l'Internet ne place pas son intelligence au cœur du réseau mais au contraire à ses marges qu'on peut facilement y introduire de nouveaux services.

Il ne faudrait bien sûr pas en conclure que les réseaux composant l'Internet n'offrent aucun service. Simplement, ils se concentrent sur le plus important, transmettre les données le plus vite possible. L'intelligence du réseau existe, mais elle ne se dévoie pas à essayer de dupliquer des programmes que peut tout aussi bien exécuter le plus modeste ordinateur personnel. On se concentrera par contre sur ce que les clients ne peuvent en aucun cas faire, c'est-à-dire l'acheminement des paquets. Ce qui compte vraiment, c'est que les données soient transmises le plus vite possible, que les liaisons soient utilisées au mieux. C'est le principe du « protocole Internet », qui définit les services du réseau. Les données sont découpées en paquets, et chaque paquet est pourvu d'un en-tête indiquant, à la manière d'une enveloppe postale, sa provenance et sa destination. L'ordinateur de l'utilisateur prépare ces paquets et les soumet au réseau. Celui-ci est censé les acheminer au mieux, en choisissant à tout moment le chemin le plus court. Si des liaisons tombent en panne, si d'autres sont rebranchées, les protocoles de routage sont supposés recalculer instantanément la meilleure route. Il est donc tout à fait possible, en fait tout à fait normal, que des paquets successifs empruntent des routes très différentes. Il est également tout à fait possible que plusieurs utilisateurs envoient en même temps des paquets vers la même destination. Ces paquets devront alors, à certains endroits du réseau, être mis en attente. On parle de « files d'attentes », comme devant l'entrée d'un cinéma ou à un péage d'autoroute. Avec le calcul des routes, cette gestion des files d'attente constitue la fonction principale des routeurs.

Le service fourni par l'Internet est dit « de datagramme ». Ce mot, forgé sur le modèle de « télégramme », indique que les paquets de données sont acheminés comme des lettres à la poste, à ceci près qu'ils sont bien sûr transmis à la vitesse de la lumière. Là encore, la règle de Bob Kahn a été suivie. Les PTT n'ont jamais aimé le service de datagrammes, qui à leur avis était trop instable et surtout trop difficile à facturer. Si les paquets sont indépendants les uns des autres, on ne sait pas combien de temps dure une communication. En fait, on ne sait même pas combien de communications sont en cours à un moment donné. On ne peut plus facturer les communications en multipliant tout simplement un coût horaire par une durée ! Il n'est donc pas surprenant que les solutions proposées par les opérateurs classiques pour transmettre des données utilisent toutes la notion de « circuit ». Un ordinateur en appelle un autre, établit une communication, échange des données, puis rompt la communication. On peut comptabiliser le temps passé, le volume échangé. Peu importe, aux yeux des administrations des télécommunications, si cela ne correspond pas du tout aux besoins ! Il y a en effet de très grandes différences entre un réseau téléphonique et un réseau informatique. Dans un cas, l'utilisateur n'a qu'une bouche et deux oreilles. Il est donc très peu probable qu'il essaye de tenir deux conversations à la fois. Au contraire, un ordinateur peut très facilement faire appel simultanément à plusieurs serveurs. Dans certains cas, il s'en servira seulement pour des durées très brèves, et établir un circuit représentera alors une surcharge inutile, un ralentissement indu des échanges. Dans d'autre cas, il consultera plusieurs serveurs en parallèle. En fait, on peut montrer que le nombre de serveurs utilisés augmente avec la taille du réseau. Le nombre total de communications, qui est proportionnel au nombre d'abonnés dans le cas de la téléphonie, sera donc ici beaucoup plus grand, puisque chaque abonné aura d'autant plus de partenaires que le réseau est plus grand. Si on s'acharne à gérer des circuits dans le réseau, on finira par devoir consacrer à cette gestion, dans chaque routeur, dans chaque commutateur, des ressources d'autant plus grandes que la taille du réseau augmente. Ce n'est pas très efficace. Le routage de datagrammes choisi par l'Internet est beaucoup plus adapté. Il a d'ailleurs aussi l'avantage de faciliter les interconnexions de réseaux.

L'Internet n'est pas « un seul réseau », avec un point central, géré par je ne sais quelle multinationale. C'est une interconnexion de réseaux très divers. On y trouve des clients et des fournisseurs de services, qui peuvent être de tailles très variables. Certains gèrent un réseau local, limité à une ville ou à une région. D'autres fournissent des services au long cours, et possèdent des connexions qui traversent frontières et océans. Tous doivent s'interconnecter, pour faire partie de l'Internet. C'est la connectivité mondiale qui fait la force du réseau. Un fournisseur, si gros soit-il, qui ne s'interconnecterait pas aux autres priverait ses clients de l'accès à de très nombreux serveurs distants. Il diminuerait donc d'autant l'attrait de son propre réseau et, bientôt, il verrait ses clients se diriger vers des fournisseurs moins sectaires. Ce mélange de compétition et de coopération entre fournisseurs est un des charmes de l'Internet. Chacun essaye de faire mieux que son compétiteur, de fournir des services plus adaptés, d'attirer davantage de clients. Et pourtant, tous doivent s'accorder sur des structures d'interconnexion, coopérer au développement de l'infrastructure.

Bien sûr, une vision trop angélique de cette coopération serait ridicule, d'autant plus que beaucoup des compagnies qui fournissent des prises Internet ont été fondées par des pionniers au caractère à la fois entreprenant et entier. Quand deux fournisseurs s'interconnectent, ils doivent négocier un contrat. Il faut savoir comment ils se partageront les coûts, quelle partie du trafic de l'autre chacun acceptera de relayer, dans quelles conditions. Mais, là encore, la simplicité du protocole Internet facilite bien les choses. Il suffit d'établir une liaison entre les deux réseaux, et d'y relayer les paquets. En fait, on peut établir plusieurs liaisons, pour obtenir une puissance suffisante et surtout pour pouvoir établir un routage de secours en cas de panne, sans même que les utilisateurs s'en aperçoivent. C'est beaucoup plus simple que l'interconnexion de réseaux téléphoniques, où il faut se mettre d'accord sur les procédures de signalisation et d'établissement de circuits, et où il est très difficile de passer sur des câbles de secours sans perdre les communications. Et pourtant, le réseau téléphonique est assez simple et très bien connu. Le tableau est encore plus sombre si on compare l'Internet aux services « de transmission de données » proposés par les administrations des télécommunications, dont le dernier en date est connu sous le sigle ATM, qui désigne une manière particulière de découper les données en très petit paquets, ce qui permettrait, suivant certaines théories, de diminuer le coût des routeurs.

Sous prétexte de répondre « sur mesure » aux besoins des utilisateurs, on associe aux circuits de données de type

ATM une ribambelle de paramètres, comme le débit souhaité et le débit minimal, le degré de priorité, le temps de réponse nominal et le délai maximum acceptable. Chaque établissement de circuit correspond à une forme de contrat, avec des tarifs dépendant de la valeur des paramètres. Pour interconnecter deux réseaux, il faut donc passer un contrat équivalent entre les deux fournisseurs, vérifier que la qualité de l'interconnexion correspondra à la demande de l'utilisateur, et bien sûr négocier des compensations financières. On peut peut-être y arriver, mais la complexité se traduira par des risques d'erreurs et de pannes accrus. De plus, il faudra des matériels plus coûteux, des procédures d'administration demandant davantage de main-d'œuvre. Tout cela se traduira par des tarifs forcément élevés, en fait astronomiques si on se réfère aux premières annonces. Pour le même prix, l'utilisateur de l'Internet pourra obtenir davantage de capacité de transmission. Bob Kahn avait bien raison, il ne faut surtout pas, pour bâtir l'Internet, essayer d'imiter ces administrations. Faire simple, faire robuste, ne pas chercher à fournir dans le réseau des fonctions que la puissance croissante des ordinateurs utilisateurs rendra tôt ou tard obsolète.

La simplicité du protocole de l'Internet, IP, a aussi pour avantage de permettre de transmettre les données de l'Internet sur pratiquement n'importe quel média, sur n'importe quel réseau. Il suffit de savoir y envoyer des données, et d'être capable de les organiser en paquets. Pour relayer un paquet Internet on doit l'emballer, rajouter une enveloppe contenant ses adresses locales, afin de lui faire traverser le réseau jusqu'au prochain relais, qui le déballera avant de le retransmettre. Dans le cas de systèmes connectant plusieurs stations, comme par exemple un réseau local Ethernet, il faudra aussi définir une procédure permettant de découvrir l'adresse locale correspondant à l'adresse Internet. On peut ainsi inclure dans l'Internet des liaisons numériques ou des liaisons téléphoniques, en utilisant des modems, des réseaux Ethernet ou des anneaux à jeton, des fibres optiques et des canaux radio, des liaisons satellites ou des câbles sous-marins. Les militaires américains utilisent IP pour communiquer avec des sous-marins nucléaires en plongée. On a aussi envoyé des paquets IP vers des satellites, vers la navette spatiale. Il est d'ailleurs amusant de visiter des salons professionnels juste après le développement d'une nouvelle technologie, par exemple une nouvelle forme de modulation sur des fibres optiques. Les ingénieurs veulent montrer les capacités de leur création, et doivent donc y connecter des ordinateurs, leur faire échanger des données. Immanquablement, ils commencent par y adapter le protocole Internet, car aussitôt qu'on a réussi à envoyer sur le nouveau réseau des paquets selon le standard IP on peut y utiliser toutes les applications de l'Internet. En pratique, dans ces salons professionnels, presque toutes les démonstrations de nouveaux réseaux utilisent la technologie de l'Internet. C'est d'ailleurs une source de fierté pour les responsables de l'évolution technique du réseau, que résume le slogan « IP over everything ». La phrase est délibérément ambiguë. On peut lire d'une part que « IP passe partout », et on ajoute en général « même sur une ficelle mouillée », pour signifier qu'il n'y a aucune exclusive possible. Mais on peut aussi comprendre que l'Internet est supérieur à tous ses compétiteurs !

En fait, nous venons de voir dans ces pages trois principes fondamentaux de l'Internet : connecter tous les ordinateurs du monde, garder le réseau aussi simple et robuste que possible, faire passer sur tout média les datagrammes de l'Internet. Ces principes sont mis en œuvre dans les différents protocoles qui définissent les fonctions du réseau, qu'il s'agisse du routage, de l'administration, du contrôle de la transmission, des applications. Un des rôles du collège que j'avais rejoint en 1991, l'IAB, était précisément de superviser l'évolution de ces protocoles, et plus généralement de l'« architecture Internet ». À partir de janvier 1991, j'allais découvrir ce qu'une telle responsabilité signifiait en pratique.

Une démocratie électronique

Chacun sait, pour l'avoir lu dans la presse, que l'Internet est une interconnexion de réseaux couvrant la planète. Mais cette définition ne dit pas tout. Elle ne dit pas, par exemple, la manière dont cette interconnexion est réalisée, ni n'explique qui commande et comment, qui paye et pourquoi. On voit d'ailleurs imprimer de temps à autre des contrevérités tellement farfelues qu'on se demande s'il faut les attribuer à l'ignorance ou à la malveillance.

Il y a vingt ans, les choses étaient simples. On pouvait représenter le réseau comme une marguerite, dont le cœur était l'Arpanet et les pétales les réseaux « locaux » des quelques laboratoires d'informatique qui participaient à l'expérience. Petit à petit, ce qui n'était qu'une expérience est devenu un service que les laboratoires raccordés utilisaient pour s'échanger fichiers et messages, ce qui posait deux problèmes. D'une part, il n'était pas très orthodoxe pour la défense américaine de financer un service qui n'avait qu'un très lointain rapport avec la recherche militaire. D'autre part, seul un petit nombre de laboratoires priviligiés avaient accès au dit service, ce qui créait bien des jalousies. Le relais a donc été pris par la National Science Foundation (NSF), un organisme qui tient lieu de bras financier au ministère de la Recherche des États-Unis. Le réseau NSFnet a été mis en place entre 1986 et 1988, et a remplacé l'Arpanet dans son rôle de cœur du réseau. Mais, en même temps, la structure de l'Internet changea, car la NSF n'avait voulu financer qu'un réseau de transit, qui reliait entre eux des réseaux régionaux et non pas directement des universités ou des centres de recherche. À la place d'une marguerite, on obtint donc un genre de rosace, avec le réseau NSFnet au centre, puis des réseaux régionaux directement raccordés à ce centre, et enfin des réseaux de campus raccordés à ces réseaux régionaux. La situation allait très vite se compliquer encore avec l'internationalisation et la commercialisation de l'Internet.

La mise en place de NSFnet coïncida avec une prise de conscience internationale. Il y avait déjà des réseaux de recherche dans plusieurs pays, en Angleterre, en Australie, en Allemagne par exemple. Ils avaient été mis en place pour permettre des connexions entre les universités du pays, pour fournir l'accès à des équipements d'importance nationale, par exemple de gros super-calculateurs. Ils utilisaient en général des technologies locales, et se contentaient de passerelles avec l'Internet pour l'e-mail. Mais, au fur et à mesure que l'accès à l'Internet se banalisait dans les universités américaines, la pression des utilisateurs pour de « vraies » connexions se fit de plus en plus forte. On vit de nouveaux réseaux se mettre en place dans les pays nordiques, en Suisse, en France même, et se connecter directement au réseau NSFnet, exactement comme des réseaux régionaux américains. On vit les réseaux préexistants adopter la technologie TCP-IP et se connecter à leur tour. Bien naturellement, ces réseaux se connectèrent directement les uns aux autres, mettant en place des systèmes de transit européens. La rosace commençait à être sérieusement déformée, à laisser la place à une dentelle désordonnée.

Dans le même temps, les réseaux régionaux se trouvèrent très vite confrontés à un problème politique. À l'échelon local, il y avait une forte demande de raccordement provenant de sociétés commerciales. Or, le réseau NSFnet était financé par des subventions fédérales, réservées à la recherche. Ne pouvaient s'y raccorder que des utilisateurs politiquement acceptables, c'est-à-dire des universités et des centres de recherche américains, et, par mesure de réciprocité, des universités et des centres de recherche publics de pays « amis ». Mais les utilisations purement commerciales étaient bannies. Or les réseaux régionaux étaient confrontés à une forte demande de sociétés industrielles et commerciales, auxquelles ils ne pouvaient offrir qu'une connectivité locale. Pour satisfaire cette demande, on vit donc se développer des réseaux d'interconnexion alternatifs. Comme ceux-ci ne faisaient l'objet d'aucune subvention, ils étaient libres d'accepter toutes sortes de clients, sur des bases strictement commerciales. Ces réseaux étaient eux aussi connectés à NSFnet, mais sur des bases strictement bilatérales, dans le seul souci de permettre des échanges entre leurs clients réciproques. On commençait à ne plus pouvoir parler de rosace ni de dentelle, mais au contraire d'un tissu complexe maillant le monde entier.

La situation actuelle est le prolongement naturel de cette évolution. Les réseaux régionaux avaient parfois débuté aux États-Unis sur une base associative, souvent avec des subventions des autorités locales. La plupart sont maintenant devenus des sociétés commerciales, régies strictement par la loi du marché et du profit, qui se trouvent en compétition avec les héritiers des premiers réseaux d'interconnexion et avec les nouveaux développements des grandes compagnies de télécommunication. Ces sociétés ne se contentent pas d'offrir aux entreprises des connexions similaires à celles des universités. Elles ont aussi développé des services pour les particuliers. Quiconque possède chez lui un micro-ordinateur équipé d'un modem peut, avec une simple prise téléphonique, appeler un « point de connexion » près de chez lui et se brancher ainsi sur l'Internet, via un « fournisseur ». On compte très souvent plusieurs sociétés dans la même ville, et la compétition conduit à de spectaculaires baisses de prix. Le réseau NSFnet vient d'ailleurs d'être démantelé, car le gouvernement américain a jugé que cette industrie était suffisamment développée. Au lieu de gérer lui-même une société, il lui est beaucoup plus simple de laisser les universités acheter ces services « sur le marché », comme pour le téléphone ou les billets d'avions.

La situation européenne est similaire, à un détail près. Dans la plupart des pays d'Europe, les monopoles des télécommunications perdurent. Ils sont certes un peu affaiblis. Les réseaux de téléphones mobiles et les « services à valeur ajoutée » sont soumis à la concurrence, ce qui permet tout à fait légalement de créér une société commerciale et de vendre des raccordements à l'Internet. Mais les services de base comme le téléphone, les infrastructures, les liaisons numériques, tout cela reste soumis au monopole. Ces services sont la « matière première » avec laquelle on construit l'Internet. Les réseaux doivent se les procurer auprès des monopoles administratifs, ce qui non seulement se traduit par des prix très élevés mais aussi par toutes sortes de distorsions de concurrence, comme par exemple des retards d'installation qui donnent le temps à l'administration monopolistique de présenter ses propres services. Malgré ce monopole, plusieurs pionniers développent en Europe des services commerciaux. Il y a en France, en mars 1995, cinq fournisseurs en concurrence dont seulement deux dépendent de l'administration du monopole. Mais les tarifs commerciaux restent très élevés, et les gouvernements européens ne peuvent pas encore, comme aux États-Unis, démanteler les réseaux de recherche. Tant que le monopole subsiste, il faut continuer à subventionner les réseaux universitaires.

On utilise souvent, pour décrire l'interconnexion des réseaux formant l'Internet, une métaphore routière. Il y aurait de grandes « autoroutes de l'information », des bretelles d'accès, des départementales. Je trouve cette image autoroutière particulièrement détestable. Quand on parle de construire des autoroutes, on voit tout de suite des bataillons de bulldozers abattre les forêts et raser les collines, des norias de camions déverser graviers et ciment, six voies de goudron traverser le pays. Or il s'agit seulement de fibres optiques, d'un micron de diamètre. Un millième de millimètre de verre ne saurait avoir le même coût ni le même impact que cinquante mètres de béton. Mais cette référence aux autoroutes amène aussi, plus subtilement, une idée de monopole. Il paraîtrait absurde de tracer, entre Paris, Lyon et Marseille, trois autoroutes à péage concurrentes. Nos amis les écologistes ne manqueraient pas d'aller s'asseoir devant les pelleteuses pour protester. Si on parle trop vite d'autoroutes de l'information, on risque d'avaler sans y réfléchir la même conclusion, qu'il s'agit d'un investissement gigantesque qu'on devrait obligatoirement confier à une administration monopolistique. Ce n'est d'ailleurs pas tout à fait un hasard si ce terme fut d'abord utilisé aux États-Unis par le vice-président Al Gore, un représentant éminent d'un parti démocratique assez porté au dirigisme étatique. Ce n'est pas un hasard non plus si ce terme fut repris en France dans le rapport Théry, dont l'auteur est un membre éminent de la caste technocratique qui bâtit son pouvoir à l'abri du monopole.

Il n'y a pas dans l'Internet actuel de monopoles, qu'ils soient régionaux ou nationaux. La situation est en fait beaucoup plus proche du transport aérien que du réseau routier. De même que les passagers peuvent se rendre d'un point à l'autre de la planète en empruntant les vols de plusieurs compagnies, les paquets de données peuvent traverser l'Internet en parcourant les réseaux de plusieurs fournisseurs. Comme les passagers changent d'avion dans des aéroports, les paquets changeront de réseau dans des « centres d'interconnexions », c'est-à-dire dans des points neutres, des locaux où des routeurs appartenant à plusieurs réseaux sont interconnectés. Le premier de ces centres fut mis en œuvre en 1991 par trois réseaux commerciaux américains. Depuis, plusieurs de ces points ont été organisés dans différents continents, différents pays, différentes régions. Ils sont financés par chacun des réseaux interconnectés, en fonction des ressources que consomme chacun. Pour qu'un fournisseur de réseaux puisse vraiment fournir le service Internet, il suffit qu'il soit connecté, directement ou par l'intermédiaire d'un confrère, au point d'interconnexion principal qui se trouve aux États-Unis dans la banlieue de Washington. Mais ceci ne veut bien sûr pas dire que tous les échanges passent par Washington. Au contraire, les fournisseurs multiplient des accords de partenariat, pour s'interconnecter aux niveaux continentaux ou régionaux. Chaque fois que la demande le justifie, ils installent des connexions directes entre leurs réseaux.

Chaque fournisseur de l'Internet est donc à la fois indépendant et dépendant de tous les autres. Tous ont intérêt à développer leur réseau le mieux possible, à offrir des services plus économiques ou plus performants que leurs concurrents. Tous ont intérêt à s'interconnecter, et tous bien sûr le font. Il n'existe pas d'autorité commerciale qui régenterait l'Internet, ni de point central d'où on pourrait contrôler le trafic et les accès. Mais, par contre, tous ont également intérêt à coopérer, à maintenir la connectivité globale. Pour cela, il faut garantir la cohésion du réseau, ce qui implique la présence d'une forte autorité technique. Il faut qu'un registre central garantisse l'unicité des noms et des adresses, il faut qu'un organisme central établisse les normes à respecter pour transmettre des données sur l'Internet.

Là encore, les choses étaient plus simples il y a vingt ans. Seul un petit nombre de chercheurs participait au « projet Internet », qui était piloté directement par le Darpa. Avec le temps, ce nombre crût, et on décida d'instituer une sorte de « comité de pilotage » pour coordonner ces activités de recherche. Ce premier comité, dit ICCB (Internet Configuration Control Board), était présidé par David Clark, un chercheur du laboratoire d'informatique du prestigieux MIT. C'est sous la supervision de l'ICCB que furent développés le « protocole Internet », IP, et le protocole de contrôle de transmission, TCP, qui sont encore aujourd'hui les pièces majeures de l'Internet. En 1983, le développement était suffisamment avancé pour que le département de la Défense des États-Unis puisse adopter ces nouveaux standards et y convertir l'Arpanet. C'était le début effectif de l'Internet, tel que nous le connaissons maintenant. C'est également à la fin de 1983 que l'ICCB fut réorganisé et renommé l'IAB, l'Internet Activities Board ou « conseil des activités Internet ». Il s'agissait bien sûr de développer l'architecture de l'Internet, d'encourager et de guider la recherche et les expérimentations. Mais il s'agissait aussi, d'une manière beaucoup plus générale, d'organiser le développement de l'Internet, de convaincre les utilisateurs potentiels de s'y raccorder, de convaincre différentes administrations de le financer, et pour cela de servir de point de contact, de représentant de l'Internet.

En 1983, l'IAB regroupait une dizaine de scientifiques, qui supervisaient à eux seuls l'ensemble des développements. Mais l'Internet continuait à se développer et il fallut très vite créer une organisation plus structurée. L'IAB suscita donc la création d'une série de comités techniques spécialisés. On trouvait des groupes de recherche étudiant, par exemple, les problèmes de contrôle, de sécurité, de routage. On trouvait aussi un groupe chargé de l'ingénierie du réseau, c'est-à-dire, en pratique, du déploiement coordonné des nouvelles technologies. Chacun de ces groupes était supposé conduire ses travaux de manière autonome, l'IAB se contentant en quelque sorte de dessiner les grandes lignes des actions demandées et d'évaluer les résultats. Dans la pure tradition militaire états-unienne, ces groupes étaient baptisés « Task Force ». Les résultats de leurs travaux étaient publiés, sous la responsabilité de l'IAB, sous l'appellation de « Request for Comments » (RFC), c'est-à-dire « appel aux commentaires ». La série des RFC constitue sans doute le premier journal électronique du monde. En effet, ces documents n'étaient pas imprimés, mais simplement placés sur l'Internet, dans des fichiers que tout le monde pouvait recopier par le réseau. Ce modèle, qui fonctionne encore, combine contrôle éditorial et libre accès à l'information. Quand un document est prêt, qu'il s'agisse d'un simple travail de réflexion ou d'une proposition de standard, l'auteur le soumet à l'éditeur des RFC, Jon Postel. Jon va alors vérifier la qualité du travail, par exemple en nommant des rapporteurs, de la même manière que le responsable de tout journal scientifique. Si besoin est, par exemple si le document propose un changement à l'architecture de l'Internet, il prendra l'avis de l'IAB. Si la publication est approuvée, elle reçoit un numéro de série, et le fichier qui la contient est placé sur le réseau, dans un serveur public. Tout le monde a donc accès, gratuitement, à toutes les archives techniques de l'Internet, soit plus de 1 700 documents. Cette libre circulation de l'information n'est pas pour rien dans le succès du réseau.

Initialement, toutes les « Task Forces » étaient supposées d'importance égale. Mais les responsables de l'Internet ont toujours été très pragmatiques, et n'ont jamais hésité à faire évoluer leur organisation. Ils se sont vite rendu compte que, si les groupes de recherche gardaient une taille raisonnable, le groupe d'ingénierie faisait preuve d'une croissance débordante. Tout cela est d'ailleurs facile à comprendre. Les groupes de recherche sont composés, par définition, de chercheurs, c'est-à-dire de spécialistes de pointe, venant d'universités ou de laboratoires de recherche. On aura beau faire, former un tel spécialiste prend très longtemps, et la taille de ces groupes est donc appelée à rester stable ou à ne croître que lentement. En revanche, le nombre d'ingénieurs affectés à une discipline est à peu près proportionnel à la taille du marché correspondant, comme d'ailleurs aussi le nombre de problèmes à résoudre. L'IETF (Internet Engineering Task Force) subit donc la même croissance exponentielle que le réseau. Il y avait à peine vingt participants à la première réunion, environ deux cents en 1991. Il y a plus de mille participants aux assemblées en 1995. L'IAB se trouva très vite confronté à un sérieux problème de gestion, car ses membres ne pouvaient plus contrôler en détail les productions de chacun des groupes de travail de l'IETF. On créa donc un nouveau collège, le

« comité de pilotage de l'IETF » (Internet Engineering Steering Group, IESG), chargé sous la responsabilité du président de l'IETF d'organiser son fonctionnement.

Ce groupe était déjà opérationnel depuis quelques années quand j'ai rejoint l'IAB. La gestion au jour le jour de l'IETF, l'organisation des réunions, la nomination des responsables des groupes de travail, tout cela était du ressort de l'IESG. En revanche, l'IAB était responsable du contrôle final, devait donner son imprimatur avant publication d'une spécification comme « standard Internet ». Chaque groupe apportait sa pierre à la construction générale, mais nous étions supposés vérifier la cohérence de l'ensemble. Nous faisions tout cela très sérieusement, mais la tâche s'avéra rapidement beaucoup trop lourde. Un comité de douze bénévoles, même très qualifiés, ne peut pas espérer contrôler a posteriori le travail de plusieurs centaines d'experts. Il s'ensuivait des retards de publications, parce que l'IAB, saturée, tardait à donner son avis. Mais on avait de plus un problème de légitimité. Pouvoir contrôler implique de pouvoir dire non, de pouvoir demander au groupe de travail de revoir sa copie. Les groupes mis en cause appréciaient peu. Qui étions-nous pour oser juger incorrect un travail d'expert ? Est-ce que l'IAB n'abusait pas de sa gloire passée ? En juillet 1992, les tensions avaient atteint un tel paroxysme qu'il fallut revoir complètement cette organisation, et essayer en fait de remplacer le gouvernement aristocratique de l'IAB par une démocratie électronique. Au lieu de partir du sommet, l'IAB, il fallait partir de la base, les groupes de travail de l'IETF.

Produire des standards peut avoir des conséquences économiques considérables. Supposons que deux sociétés concurrentes, disons Parfuma et Odoro, proposent, par exemple, deux manières différentes de transmettre des structures moléculaires de parfums par l'Internet. Des groupes de travail vont se réunir, comparer les solutions et, après une analyse scientifique approfondie, prendre une décision. Supposons qu'ils choisissent la méthode de la société Parfuma plutôt que celle de la société Odoro. Le résultat sera que le téléparfumeur de la société Parfuma se vendra à des milliers d'exemplaires, tandis que le cyberolfacteur de la société Odoro restera sur les étagères. On ne doit donc pas décider à la légère. Il importe de mettre au point des procédures qui soient à la fois équitables, incontestables, mais aussi efficaces. C'est en s'appuyant sur la puissance de communication de l'Internet que l'IETF essaye d'y parvenir.

Pour être équitable, il importe d'abord d'être ouvert, de n'exclure personne. Dans les organismes de standardisation classiques, on s'efforce de le garantir par des systèmes de représentations et d'élections. Les techniciens français peuvent par exemple contribuer aux groupes de travail de l'Afnor, qui vont élire leurs représentants à l'ISO où tous les pays seront représentés de manière équitable. Mais ce genre de système se prête à toutes sortes de manœuvres. Il faut se rendre en personne aux réunions pour élire les délégués, qui en pratique seront seuls à participer aux discussions finales. Les délégués doivent être prêts à voyager aux quatre coins du monde, et il vaut donc mieux qu'ils disposent des budgets confortables d'une très grosse société. La tradition de l'IETF est tout à fait différente. Les discussions sont conduites par e-mail. Pour chaque projet, pour chaque groupe de travail, on établit une liste de distribution. Cette liste est ouverte à tous. Quelle que soit la taille de sa société ou de son pays, il suffit à un expert d'une connexion à l'Internet pour pouvoir participer. Par ailleurs, tous les documents de travail sont systématiquement placés dans des serveurs du réseau, accessibles par tous les internautes, qu'ils soient ou non membres du groupe. Ces procédures électroniques ont d'ailleurs, en plus de l'ouverture, l'avantage d'être très rapides. Si un expert avance une proposition, elle est connue immédiatement par tout le groupe, analysée et discutée à la vitesse du réseau. Les groupes de l'IETF arrivent souvent à mettre au point un standard en quelques mois, alors qu'il faut en général plusieurs années à des organismes plus traditionnels.

Cependant, discuter ne suffit pas, il faut aussi décider. Les sociétés traditionnelles tranchent les décisions soit en s'en remettant à un arbitre, soit en recourant à un vote. Mais ni l'un ni l'autre ne sont acceptables dans une démocratie électronique comme l'IETF. Passons rapidement sur les arbitres, les rois des monarchies, les présidents des républiques. Au bout du compte, qu'il soit nommé ou qu'il soit élu, un arbitre reste un homme. Les internautes sont profondément convaincus que tous les hommes sont égaux, ou que, du moins, aucun homme n'est supérieur en tout à tous les autres. Ses choix sont arbitraires, tôt ou tard erronés. D'où la devise adoptée par l'IETF, reprise d'un discours de Dave Clark, le premier président de l'IAB : « Nous rejetons les rois, les présidents et même les votes. Nous croyons au consensus approché et aux codes qui marchent. »

Ne pas accepter les votes peut paraître le contraire de la démocratie. Pourtant, si on y regarde de plus près, c'est très logique. Être vraiment démocratique, considérer que toutes les voix sont égales, c'est d'abord refuser les frontières. Or, pour voter, il faut bien tracer une frontière pour y enfermer les électeurs, pour les compter. Bien sûr, cette frontière peut être virtuelle, par exemple entre les experts et les novices ou entre les membres actifs et les observateurs. Mais ce sont là des notions arbitraires. Chacun est convaincu d'être aussi expert que son voisin, que ses contributions sont aussi précieuses. On peut bien sûr noter les diplômes, mais il est difficile de comparer un brevet d'ingénieur allemand et un master of sciences américain, ou bien trois ans d'études et cinq années d'expérience. On peut bien sûr compter les messages envoyés aux listes de distribution, mais il est difficile de discerner ceux qui font progresser le débat et ceux qui ne font qu'accroître les volumes échangés. De plus, comme on veut pour bénéficier du plus grand nombre d'avis mettre le moins de barrières possibles à la participation, on court le risque qu'une grande société inscrive d'un coup une centaine de ses employés afin de gagner un vote.

Les autres organismes de standardisation résolvent ce problème tant bien que mal. Les organismes officiels et bureaucratiques ont en général un système de vote par pays, qui serait démocratique si l'expertise se comptait en nombre de drapeaux. Les organismes industriels ont en général pour membre des sociétés, qui obtiennent un droit de vote en s'acquittant d'une cotisation en général élevée. Ce serait démocratique, si l'expertise se mesurait au chiffre d'affaires. De plus, ces systèmes de votes ne sont pas exempts d'effets pervers. Il est fréquent que, parmi les propositions en présence, aucune n'emporte la majorité absolue. On verra alors se développer des négociations de coulisse qui conduiront à des compromis boiteux. Pour faire accepter son téléparfumeur, la société Parfuma devra, par exemple, accepter de reprendre dans le standard le bec de diffusion du cyberolfacteur de la société Odoro. Ces marchandages peuvent devenir assez sordides. Ils sont tellement fréquents qu'ils ont un emblème, le chameau, qui serait « un cheval dessiné par un comité. » La règle de l'IETF est donc non pas de décider par un vote, mais de rechercher un consensus entre tous les participants. La recherche de consensus ne signifie évidemment pas l'absence de discussion, mais en fait plutôt le contraire. Dans l'Internet, le débat est public et immédiat. Pour faire accepter votre proposition, il faut être prêt à débattre, à convaincre, à réfuter la critique. C'est un jeu impitoyable, car on ne peut pas espérer s'en tirer par un compromis de couloir dans les minutes précédant le vote. Seule compte la qualité technique, aidée si possible par une démonstration pragmatique. Pour montrer qu'une spécification peut devenir un standard acceptable, rien ne vaut un programme mis dans le domaine public, un logiciel que tous peuvent essayer gratuitement, un « code qui tourne. » S'il y a deux propositions, on comparera les deux prototypes, on regardera laquelle est la plus facile à produire. La recherche du consensus conduit ainsi à l'élégance et à l'excellence.

Mais même à l'ère de l'électronique il faut des règles et un minimum d'organisation. C'était déjà, avant 1992, le rôle de l'IESG et de l'IAB, les instances de supervision de l'IETF. La réforme intervenue cette année-là a introduit une certaine décentralisation, afin d'accélérer le processus. Les décisions de publication de standards, qui remontaient jusqu'à l'IAB, sont maintenant directement prises par l'IESG. L'IAB, rebaptisé « Internet Architecture Board », est responsable de la direction à long terme, de veiller à la cohérence de l'architecture, et plus généralement de la supervision du processus. La réforme a également permis d'introduire plus de démocratie. Les membres de l'IAB étaient auparavant cooptés, ceux de l'IESG nommés par son président. Ils sont maintenant renouvelés par moitié tous les ans, mais on a là aussi évité les pièges des élections. La procédure est en fait copiée de la démocratie athénienne. Chaque année, on tire au sort dans une liste de volontaires un « comité de nomination » qui sera souverain pour décider quels anciens membres seront reconduits et quels nouveaux membres seront nommés. La seule restriction est que ne peuvent être volontaires que ceux qui ont déjà assisté à deux assemblées plénières de l'IETF, et sont donc ainsi présumés connaître suffisamment le processus. Les nominations à l'IESG doivent ensuite être approuvées par l'IAB, et les nominations à l'IAB par le conseil d'administration de l'Internet Society, puisque cette société savante est responsable en dernier recours de la publication des standards de l'Internet.

Il faut bien comprendre que, malgré tout le soin mis à les élaborer, les « standards Internet » n'ont aucune force de loi. Il s'agit simplement de spécifications, publiées pour rendre service à la communauté. Les standards offrent aux utilisateurs la garantie que les produits qu'ils achètent coopéreront avec ceux que leurs partenaires, à l'autre bout du réseau, obtiendront d'autres fournisseurs. Si on a besoin de transmettre des odeurs, il vaut mieux acheter un téléparfumeur conforme au standard. On sera certain que, si on émet une odeur de rose, notre correspondant ne sentira pas autre chose. Mais rien n'oblige un internaute à acheter soudainement tel ou tel logiciel parce qu'un standard vient d'être publié. Il faut d'abord que le standard réponde à un besoin. Si par exemple on n'a pas envie d'ordinateurs odorifères, on n'achètera sans doute pas de téléparfumeur. Il peut arriver qu'un groupe travaille pendant plusieurs mois et publie un standard que personne n'utilise, parce que personne n'en ressent le besoin. Il peut aussi arriver qu'un groupe n'atteigne jamais le consensus. Dans ce cas, plutôt que de forcer une décision par une procédure bureaucratique, plutôt que de forcer les partisans des éléphants et ceux des chevaux à ne pas quitter la salle tant qu'ils n'ont pas dessiné un chameau, on aura tendance à simplement publier deux standards, et à laisser au « marché » la responsabilité du choix. Les standards de l'Internet passent en fait par trois validations successives, supposées correspondre à la spécification, aux essais de prototypes et aux produits définitifs. Pour la première étape, le consensus du groupe suffit. Pour la deuxième, il faut démontrer l'existence de plusieurs prototypes construits par plusieurs fournisseurs et capables de coopérer. Pour la dernière, il faut que les acheteurs aient le choix entre plusieurs produits de différents fournisseurs. Une spécification qui ne passe pas ces étapes est abandonnée. C'est un peu comme si on votait des lois à l'essai, et qu'on les annulait automatiquement si au bout de deux ans elles n'avaient pas démontré leur utilité.

En France, les standards Internet ont longtemps eu un statut de seconde classe. Il n'était, par exemple, pas possible de les mentionner dans des appels d'offre pour des marchés publics, il fallait leur préférer les standards de l'ISO, approuvés par l'Afnor, même si les produits conformes aux standards ISO étaient beaucoup plus chers et beaucoup moins efficaces que ceux de l'Internet. La structure de décision de l'ISO accorde un vote à chaque pays, ce qui permet à l'administration de définir des positions nationales, en principe pour protéger l'industrie française. Mais il ne faut pas sous-estimer la puissance des vieux réflexes nationalistes. Il y a encore quelques années, l'Internet était perçu comme entièrement sous le contrôle des américains. Alors même que l'armée américaine ne jouait plus aucun rôle dans leur adoption, les standards de l'Internet étaient appelés en France « standards du DoD ». Cette crainte d'un contrôle par le gouvernement américain n'a bien sûr plus lieu d'être de nos jours. Les largesses du gouvernement américain se bornent à financer le secrétariat de l'IETF, soit quatre employés. Tous les autres participants sont bénévoles, et très peu susceptibles d'obéir à quelque directive gouvernementale que ce soit. La majorité des membres de l'IAB et de l'IESG sont certes américains, mais ce n'est là que le reflet du plus grand engagement de l'industrie américaine. On trouve déjà, parmi ces dirigeants, des Anglais, des Japonais, des Norvégiens, des Hollandais, des Australiens. Être Français ne m'a pas empêché d'être nommé à l'IAB, ni d'en être élu président en 1993. On devrait logiquement voir la représentation internationale s'accroître au fur et à mesure que l'Internet se répand dans le monde entier. Mais, même s'il avait été vrai que les règles ne pouvaient être fixées que par les Américains, il aurait mieux valu les adopter que s'enferrer désespérément dans une stratégie vouée à l'échec. Les constructeurs d'informatique nationaux, qu'on était supposé protéger, ne seraient certainement pas en moins bonne situation.

Rien ne s'oppose d'ailleurs à une participation de l'industrie française à la standardisation de l'Internet. En fait, il est moins onéreux et plus rentable de participer à l'IETF qu'aux organismes de normalisation classiques. Les groupes de discussion sont ouverts, la parole d'un Français n'y compte pas moins que celle d'un Américain, d'un Norvégien ou d'un Japonais. Bien sûr, il faut parler anglais, mais c'est aussi le cas de tous les autres groupes de standardisation. Bien sûr, il faudra de temps en temps se rendre aux assemblées plénières, mais comme le gros du travail est fait par le réseau, ces voyages sont plutôt moins fréquents que dans d'autres organismes similaires. Il faudra surtout dépasser des obstacles culturels. La représentation classique de l'industrie française dans les organismes de normalisation est assurée pour l'administration par des fonctionnaires, pour l'industrie par des spécialistes de la standardisation, ce qui est parfaitement inadéquat à l'IETF. Le fonctionnaire qui irait expliquer une politique industrielle nationale serait d'abord regardé comme une bête curieuse, puis ensuite ignoré, ce qui explique sans doute une partie des réticences de l'administration. Le négociateur industriel aura beau avoir dans sa société l'oreille du président-directeur général, il n'aura aucun poids dans les discussions s'il n'est pas capable de préciser les détails de son prototype. Il vaut mieux envoyer un jeune ingénieur directement engagé dans le développement du produit et lui faire confiance. Il faut en fait faire passer la compétence technique avant la position hiérarchique, ce qui est peut-être le plus difficile à faire admettre dans les sociétés françaises. Mais c'est aussi une condition pour que notre industrie ne soit pas balayée par ses compétiteurs.

Vers mille milliards de nœuds

Nous savions déjà en 1991 que l'Internet croissait à un rythme soutenu mais, pour concevoir de manière rationnelle son évolution, il fallait essayer de prédire la taille qu'il aurait dans dix ans, dans vingt ans, au milieu du siècle prochain.

L'idée initiale de l'Internet est de connecter tous les ordinateurs du monde, pour permettre aux hommes de communiquer davantage. Il y a dans le monde environ deux cents millions d'ordinateurs. Au premier janvier 1995, près de cinq millions d'entre eux étaient connectés directement au réseau, ce qui n'en représente après tout qu'une petite proportion, même si on estime que vingt à trente millions de machines sont connectées de manière indirecte, via des passerelles, des points d'accès, des boîtes aux lettres. Mais le nombre de machines connectées croît très rapidement. Il n'y en avait que deux millions deux cent mille en janvier 1994, un million trois cent mille en janvier 1993. Si cette croissance se poursuit, et il n'y a pas de raison qu'elle ne se poursuive pas, l'objectif sera en vue dans quelques années.

Cependant, dans le monde entier, des usines fabriquent chaque jour de nouvelles machines. Il y en aura bientôt beaucoup plus que les deux cents millions actuels. Les prix baissent et on peut tout aussi bien supposer que cet équipement, comme la télévision, se rencontrera dans tous les foyers, dans tous les lieux de travail. On peut estimer que dans vingt ans, chaque homme aura au moins un ordinateur à sa disposition. Bien sûr, vous allez objecter que certains pays sont encore très pauvres, qu'il y a plus de téléphones dans la seule île de Manhattan que dans l'Afrique entière. Mais il ne faut pas être pessimiste. Rien n'interdit d'espérer. L'Internet lui-même, formidable outil de diffusion des connaissances, pourrait bien aider ces pays à sortir du sous-développement. Et de toute façon il serait immoral de ne pas prévoir une taille du réseau suffisante pour accueillir un jour tous les hommes.

Il y a environ cinq milliards d'hommes dans le monde. D'après les démographes, il y en aura peut-être dix milliards au début du siècle prochain. On pourrait donc en déduire que l'Internet, à ce moment là, reliera au plus dix milliards d'ordinateurs. Mais réfléchissons un peu plus. Plusieurs d'entre nous utilisent à la fois un ordinateur de bureau et un portable, parfois aussi un ordinateur personnel à la maison, soit trois machines. Nous arrivons donc à trente milliards. Mais il n'y a pas que les ordinateurs de bureau et les portables. Les protocoles de l'Internet sont remarquablement simples, ce qui permet de les implémenter dans des ordinateurs très petits. Déjà en 1992, une société qui voulait vanter la compacité de son logiciel s'était amusée à relier à l'Internet un grille-pain électrique, commandé par un tout petit microprocesseur huit-bits de type Z-80, conçu en 1980 et ne valant maintenant que quelques dizaines de francs. Depuis n'importe quel point du réseau, on pouvait envoyer une commande à ce microprocesseur, régler la durée de cuisson, activer le grille-pain. L'utilité pratique n'est pas évidente, mais ce fut un gros succès dans les salons spécialisés, même si à force d'être grillée et regrillée la tranche de pain, sur le stand, finissait par acquérir une consistance charbonneuse.

Il y a déjà des microprocesseurs, en fait de tout petits ordinateurs, dans bien d'autres endroits. On en trouve dans les programmateurs de machines à laver ou dans les chaînes stéréo. On en trouve dans les avions, dans les bateaux. On en trouve dans les voitures, pour contrôler l'allumage, l'ABS ou la climatisation. D'ici quelques années, le développement et les progrès de l'électronique aidant, ces microprocesseurs deviendront sans doute de vrais ordinateurs, dotés de programmes élaborés, et il sera tout à fait raisonnable de les connecter à l'Internet. Vous trouverez sûrement naturel de programmer depuis votre bureau votre machine à laver, de consulter le contenu de votre réfrigérateur. Votre voiture pourra appeler d'elle-même le garage, signaler automatiquement l'usure des plaquettes. Après tout, les Formule 1 transmettent déjà à leur stand, à chaque tour d'essai, les relevés de mesure du moteur...

Mais ce n'est pas tout. Supposons que l'électronique progresse encore, et qu'au lieu de valoir quelques dizaines de francs une puce capable de comprendre les protocoles de l'Internet ne vaille plus que quelques centimes. On pourra alors en mettre dans tous les compteurs d'eau, de gaz, d'électricité, ce qui permettra d'automatiser les relevés. On pourrait même en mettre dans toutes les ampoules électriques, dans tous les interrupteurs. Au lieu de simplement faire passer le courant, l'interrupteur enverra un message à l'ampoule, pour lui demander de s'éteindre ou de s'allumer. Vous pouvez penser que c'est du délire, mais cela peut très bien devenir tout à fait économique si la puce est assez bon marché, et si les commandes intelligentes permettent d'économiser quelques mètres de fil de cuivre et de détecter plus rapidement les ampoules grillées. Combien donc y aura-t-il d'ordinateurs par personne en l'an 2011 ? Franchement, personne n'en sait rien. Mais il ne serait pas absurde d'en compter au moins cent. Nous voulons les connecter tous. Il faut donc être prêts à supporter, dans l'Internet, mille milliards de nœuds.

Malheureusement personne n'avait eu une idée pareille en 1978, quand fut conçu le protocole Internet. Le réseau ne connectait alors que quelques dizaines d'ordinateurs, de grosses et onéreuses machines car les micro-ordinateurs étaient à peine inventés. On avait donc choisi, par souci de simplicité, de fixer à trente-deux bits la taille des adresses du réseau. Ceci permettait de les représenter dans la mémoire des ordinateurs par un seul « mot », de les comparer l'une à l'autre par une seule instruction. Les logiciels pouvaient être à la fois simples et rapides, ce qui a sûrement facilité le développement de l'Internet. Mais toute médaille a son revers. Avec seulement trente-deux bits, on ne peut numéroter que deux puissance trente-deux machines, environ quatre milliards. Et encore s'agit-il là d'un maximum théorique, un peu comme si on disait qu'un numéro de téléphone à huit chiffres permet de numéroter cent millions d'abonnés. En pratique, on découpe les numéros de téléphone en plusieurs parties, des numéros de département, de zone, d'abonné. Ces découpages causent à chaque fois un certain gaspillage. Il n'y a pas tout à fait cent départements, il n'y a pas tout à fait cent zones dans chaque département, il n'y a pas toujours dix mille abonnés dans chaque zone. Il n'y avait certainement pas cent millions de téléphones en France il y a dix ans, et il a pourtant fallu rajouter un chiffre aux numéros parisiens. Les mêmes gaspillages se produisent avec les adresses Internet, qu'on découpe en numéro de réseau et numéro de machine dans le réseau. Les avis des experts varient, mais on estime qu'avec trente-deux bits on n'arrivera guère à numéroter que deux cents millions de machines.

En fait, dès 1991, nous savions qu'il allait falloir améliorer rapidement le protocole Internet. Il suffisait de prolonger les courbes de croissance du réseau pour voir que, emporté à toute allure par son succès, l'Internet allait « droit dans le mur ». Les augures parlaient alors des trois morts de l'Internet, toutes causées par des problèmes d'adressage. Les adresses sont composées d'un numéro de réseau et d'un numéro de station dans le réseau. Il y avait trois « classes » de numéros de réseaux, la classe A pour les très gros, la classe B pour les moyens et la classe C pour les petits. La classe moyenne, la classe B, était la plus demandée, mais il n'y avait en tout que seize mille numéros disponibles. La « première mort » était donc sensée survenir par épuisement de la classe B, quand ces seize mille numéros auraient été tous attribués, ce qui d'après les statistiques disponibles en 1991 aurait dû survenir au printemps de 1994. À cette date, il n'y aurait plus eu moyen de créer des réseaux de taille « moyenne », et on n'aurait donc pas pu raccorder à l'Internet de nouvelles entreprises.

Même si nous arrivions à éviter cette première mort, l'Internet risquait de « s'effondrer sous son propre poids », suite à l'explosion des tables de routage. Chaque routeur de l'Internet maintient dans ses tables de routage une ligne pour chaque destination qu'il peut joindre, c'est-à-dire en 1991 pour chaque numéro de réseau. Plus il y a de réseaux raccordés, plus la taille de la table augmente. Il faut davantage de mémoire dans chaque routeur, il faut échanger davantage de données entre les routeurs pour synchroniser les tables, les temps de calcul s'accroissent. Supposons qu'on veuille connecter les deux cents millions d'ordinateurs présents dans le monde aujourd'hui. Les réseaux typiques comportent une centaine de postes. On aurait donc deux millions de réseaux raccordés à l'Internet, deux millions de lignes dans les tables de routage, cent fois plus que ce qu'on sait gérer aujourd'hui. Pour passer à mille milliards de nœuds, il faudrait envisager des tables de dix milliards de lignes. Même si on fait confiance au progrès de l'informatique, cela paraît complètement irréaliste.

En fait, l'Internet a su éviter ces deux premiers écueils. Un groupe de travail créé en décembre 1991 à l'initiative de l'IAB convainquit la communauté d'adopter en 1992 une nouvelle structure des adresses, dite CIDR (Classless Inter-Domain Routing), qui supprimait la classification rigide des numéros de réseau en gros, moyens et petits. Ceci permettait de tailler des numéros sur mesure, exactement adaptés aux besoins de chacun. Au lieu d'avoir au plus seize mille réseaux moyens comportant chacun au plus soixante quatre mille stations, on peut avoir plusieurs centaines de milliers de réseaux de cent, mille ou deux mille nœuds. On ne risquait donc plus de périr par « épuisement de la classe B ». De plus, on pouvait introduire un niveau de hiérarchie supplémentaire, pour grouper en une seule ligne les destinations voisines, un peu comme les numéros de pays du réseau téléphonique. Le nombre de lignes en table, qui avait augmenté régulièrement jusqu'à environ vingt-cinq mille en mars 1994 est maintenant stable. Il a bien sûr fallu fabriquer de nouveaux logiciels, mais le réseau a su s'adapter. La deuxième mort n'a pas eu lieu.

Il restait à éviter la troisième, la saturation de l'adressage. Même si CIDR permet une meilleure utilisation des numéros, il n'y a guère d'espoir de numéroter plus de quelques centaines de millions de stations avec les trente-deux bits actuels. Il arrivera donc un moment, si on ne change pas le protocole actuel, où tous les numéros seront attribués, où l'Internet ne pourra plus croître. Pour passer à mille milliards de nœuds, il faut donc un nouveau protocole Internet. L'IAB avait commencé à y réfléchir dès 1991, c'était même le thème de la première réunion à laquelle j'étais allé assister à Los Angeles. Les études et les réunions s'étaient succédées, des groupes de travail avaient fait des propositions, mais rien n'avait vraiment été décidé quand nous nous réunîmes à Kobe, en juin 1992, en marge d'une conférence de l'Internet Society. Nous décidâmes de prendre le problème à bras le corps, de faire preuve de responsabilité, et de proposer une solution, ou au moins une ébauche de solution, afin d'être sûrs que les travaux ne stagnent pas.

Il y avait à l'époque plusieurs propositions de solutions, mais la plupart n'en étaient qu'au stade de projet de recherche. On n'était pas sûr qu'elles aboutissent, et elles étaient souvent techniquement très éloignées dans leur conception des protocoles actuels. La proposition qui paraissait la plus crédible consistait à remplacer le protocole Internet, IP, par le protocole CLNP, qui avait à peu près la même structure mais permettait d'augmenter considérablement la taille des adresses. CLNP avait été normalisé quelques années plus tôt par l'Organisation internationale de standardisation, l'ISO. En fait, des responsables américains avaient initialement proposé de donner au protocole Internet, IP, le statut de « standard international ». Ils pensaient aider ainsi au déploiement mondial de l'Internet. Mais l'ISO n'avait pas voulu accepter IP tel quel, et en avait changé plusieurs aspects, notamment le format des adresses. CLNP était plus « général » qu'IP, il y avait davantage de paramètres et les adresses étaient beaucoup plus longues, cent soixante bits au lieu de trente-deux, permettant donc de numéroter deux milliards de milliards de milliards de milliards de milliards de stations, une adresse à chaque électron de l'univers. On ne risquerait plus d'être à court de numéros. Mais c'était aussi un protocole beaucoup plus complexe qu'IP, plus difficile à coder, ne garantissant pas tout à fait les mêmes performances. En fait, pendant plus d'une journée, nous débattîmes des avantages et des inconvénients qu'il y aurait à adopter cette solution. Ce furent d'ailleurs des échanges très intéressants, qui me donnèrent l'occasion d'apprécier l'expérience et l'expertise de mes collègues. Au bout du compte, nous décidâmes que CLNP paraissait une bonne base de travail, mais qu'il faudrait probablement en changer de nombreux détails, car par bien des aspects c'était un protocole moins moderne qu'IP.

J'avais été chargé d'écrire une proposition de résolution, prenant en compte les résultats de nos discussions. Il s'agissait de consigner par écrit les critères essentiels que devrait respecter toute solution, puis d'expliquer pourquoi nous pensions pouvoir, en faisant évoluer CLNP, respecter ces critères. Je réussis à écrire un premier projet, sur mon micro-ordinateur portable, dans l'avion qui me ramenait en France. Le lundi suivant, je postai le projet à mes collègues. Grâce à la rapidité des réseaux, en moins de quinze jours nous en avions fait huit révisions successives, et nous pensions disposer d'un bon document de discussion pour la réunion suivante de l'IETF, à Boston. C'est alors que le ciel nous tomba sur la tête.

Le plan initial était de mettre au point un brouillon de résolution, de le passer à un comité de relecture, de recueillir les commentaires des principaux acteurs, de revoir notre copie si besoin était. Mais il y avait eu des fuites, et des journalistes commençaient à enquêter sur le sujet. L'IAB avait depuis janvier 1992 un nouveau président, Lyman Chapin, car Vint Cerf avait décidé de consacrer ses efforts à l'Internet Society. Lyman était alors dans une position étrange, car il était aussi responsable de groupes de standardisation de l'ISO, bien que les deux organisations soient largement concurrentes. Il voyait en fait dans l'adoption de CLNP comme successeur d'IP une manière idéale de faire cesser cette concurrence, et de la remplacer par une coopération fructueuse. Pour couper court aux rumeurs, il décida de publier un communiqué de presse, afin de présenter notre décision. Mais, peut-être à cause de l'urgence, le communiqué d'une page ne comportait aucune des précautions oratoires que nous avions incorporé à notre résolution. Il annonçait brutalement que l'IAB avait décidé de remplacer le protocole IP par le protocole CLNP de l'ISO, et intimait aux groupes de l'IETF l'ordre de commencer immédiatement à mettre en œuvre cette solution ! Si on pouvait utiliser l'échelle de Beaufort pour mesurer les tempêtes du réseau, je dirais que celle qui venait d'être déclenchée atteignait la force 12. Les listes de distributions principales de l'IETF bruissaient de toutes sortes de messages où des centaines de contestataires véhéments rivalisaient d'éloquence pour nous vilipender. En quelques jours, on vit circuler plusieurs milliers de ces messages, accusant l'IAB d'abus de pouvoir et contestant la validité technique de notre décision.

Lyman Chapin, dans son communiqué, avait sous-estimé la force de l'antagonisme entre l'IETF et l'ISO, une organisation de standardisation très officielle, dont le statut international et les procédures s'inspirent de l'ONU. Pendant plusieurs années, de nombreux gouvernements avaient voulu obliger les internautes à arrêter de développer leur technologie, à l'abandonner en faveur d'une solution qui ne pouvait être que meilleure puisqu'elle avait été élaborée dans le respect des règles diplomatiques et bureaucratiques. Las, la soi-disant meilleure technologie était extrêmement lourde, pleine de verrues disgracieuses qu'il avait fallu ajouter pour obtenir l'accord de tel ou tel état ou groupe de pression. Bien que peut-être plus complets sur le papier, les standards de l'ISO s'étaient avérés inutilisables, beaucoup moins performants que les protocoles développés de manière pragmatique sur l'Internet. Chaque fois que des gouvernements s'étaient fait insistants, subventionnant le déploiement de telle ou telle norme ISO, l'Internet avait réagi en développant un meilleur produit, en le mettant au point plus rapidement, en rendant service à des milliers d'utilisateurs avant même que les bureaucrates de l'ISO aient fini d'écrire leur standard. Et voilà que, tout d'un coup, l'état-major décidait de passer à l'ennemi.

Si encore la solution que nous proposions avait été parfaite ! Mais nous en avions nous-mêmes bien observé les faiblesses durant notre réunion à Kobe. Plusieurs d'entre nous n'auraient d'ailleurs jamais accepté d'adopter CLNP tel quel, et le document que nous avions préparé notait bien que de nombreux changements étaient nécessaires. Mais ces nuances avaient disparu dans le communiqué de Lyman. De nombreux chercheurs notèrent eux aussi ces problèmes, et ne se firent pas faute de les faire connaître à un vaste public. CLNP avait été standardisé par l'ISO en 1983. Ce n'était déjà, à l'époque, qu'une assez mauvaise copie d'IP, beaucoup plus difficile à programmer. On estimait qu'il fallait environ trois fois plus de temps à un ordinateur pour traiter un paquet CLNP que pour traiter un paquet IP. De plus, IP avait beaucoup évolué depuis 1983, alors que CLNP avait stagné. On commençait à déployer dans IP les diffusions simultanées vers plusieurs sites, les transmissions de signaux temps réel, voix ou images, et le support de stations mobiles. Rien de tout cela n'existait dans CLNP. L'argument qui sous-tendait la décision, à savoir que CLNP était « déjà prêt » et que l'adopter permettait de gagner du temps, paraissait à beaucoup assez fallacieux. CLNP avait certes été programmé dans plusieurs machines, mais surtout par de très gros constructeurs. L'Internet utilisait des produits élaborés par un grand nombre de petits fournisseurs, et ceux-là n'avaient aucune expérience de CLNP. De plus, même si quelques constructeurs avaient déjà programmé CLNP, presque personne ne l'utilisait. La NSF avait à grands frais établi un support de CLNP dans son réseau, mais le trafic CLNP ne représentait qu'un cent-millième du trafic Internet normal. En l'absence d'expérience, le gain de temps supposé était donc illusoire.

La proposition de l'IAB fut officiellement abandonnée le 12 juillet suivant à Boston, lors d'une réunion plénière du « parlement technique » de l'Internet, l'IETF. Nous n'avions pas, c'est le moins qu'on puisse dire, réussi à convaincre. Mais nous avions au moins fait ressentir à la communauté l'urgence qu'il y avait à travailler à un successeur d'IP. Pendant les deux années suivantes, plusieurs groupes travaillèrent et mirent au point des propositions, dans une atmosphère de concurrence et d'émulation.

Malgré le refus opposé à l'IAB, un de ces groupes tenta jusqu'au bout d'imposer le standard de l'ISO, CLNP. La plupart de ses membres avait en fait été associée aux efforts de l'ISO pour normaliser les transmissions de données par ordinateurs et avait assisté avec horreur à l'échec progressif de ces efforts. En fait, un certain nombre des bureaucrates de l'ISO jouaient là leur carrière. Plusieurs grandes entreprises avaient beaucoup investi dans cette normalisation internationale. Certaines avaient créé des services entiers dont le seul rôle était de participer à la mise au point de ces normes, pour s'assurer qu'aucun de leurs détails ne risquait de mettre en danger leurs gammes de produits. On trouvait des ingénieurs qui depuis des années n'avaient plus mis les pieds dans un laboratoire, dont le travail consistait seulement à écrire et à étudier des propositions de standards, mais qui étaient experts dans le maniement des rouages bureaucratiques. Mais ces entreprises, victimes de la crise, devaient surveiller de près leur budget. Comme aucun des standards de l'ISO ne leur avait fait gagner quelque marché que ce soit, elles commençaient déjà à réduire leur participation, à supprimer ces postes d'experts. Il fallait donc que ces experts obtiennent très vite un succès. Faire adopter CLNP par l'Internet aurait évidemment constitué un succès d'importance, qui aurait peut-être permis d'arrêter le déclin de l'ISO. Mais, alors que les autres groupes essayaient de définir les meilleures spécifications possibles, les isocrates se contentèrent d'un service technique minimum et essayèrent d'emporter la décision par des manœuvres politiques. Ils tentèrent de faire valoir que la conformité aux standards de l'ISO était une contrainte légale pour les marchés publics européens et américains. Ils firent miroiter une « liaison » entre l'ISO et l'Internet Society, qui aurait permis de donner à certaines RFC le statut de « standards internationaux ». Mais, malgré tout, quand il fallut prendre une décision en juillet 1994, CLNP ne put être adopté. Fort heureusement, l'excellence technique avait triomphé des pressions politiques.

La solution choisie est une évolution naturelle du protocole Internet de 1978. A priori, il aurait pu suffire d'augmenter la taille des adresses et de laisser inchangés tous les autres éléments de la spécification. Mais, après quinze années d'expérience, on avait pu noter plusieurs améliorations possibles, en fait plusieurs simplifications. Des paramètres inutilisés ont été supprimés, des codages inefficaces ont été remplacés par des solutions plus modernes, de nouvelles fonctions ont été rajoutées, en particulier pour introduire des procédures de sécurité. On débattit longtemps de la taille des nouvelles adresses. En principe, il aurait suffit de la doubler, de passer de trente-deux bits à soixante-quatre, ce qui correspond d'ailleurs à la taille des mots mémoires manipulés par les nouvelles générations d'ordinateurs. Soixante-quatre bits permettent de numéroter dix milliards de milliards de stations, soit nettement plus que les mille milliards escomptés. Mais chat échaudé craint l'eau froide. Pour ne pas courir le risque de voir les soixante-quatre bits s'avérer trop juste dans vingt ans, nous avons préféré quadrupler plutôt que doubler, passer à des adresses codées sur cent-vingt-huit bits. Ceci permettra de rendre plus facile la gestion des adresses Internet, en rendant automatique l'attribution d'un numéro lors du branchement d'une machine sur le réseau.

Le nouveau protocole a été choisi en juillet 1994. Les derniers détails furent débattus jusqu'en février 1995. Les spécifications sont maintenant publiées sous forme de RFC, et les logiciels correspondants devraient être livrés en 1996. Il est d'ailleurs probable que les clients du réseau ne s'apercevront même pas qu'ils utilisent la nouvelle version. La transition sera progressive, le temps de mettre en place partout les nouvelles versions du logiciel. Quand elle sera terminée, sans doute entre 1997 et 1998, nous serons certains d'avoir évité la troisième mort de l'Internet. Il y aura assez d'adresses disponibles pour raccorder mille milliards de nœuds.

L'Internet est-il sûr ?

Dans le film *Wargames*, on voit un adolescent essayer de « pénétrer » un réseau d'ordinateurs militaires états-uniens. L'attaque est en fait assez simple : il suffit, avec un ordinateur personnel et un modem, de composer le numéro de téléphone de l'ordinateur visé. On obtient alors un message d'accueil, demandant le nom de l'utilisateur et son mot de passe. Dans le film, le jeune garçon connaissait le nom d'un des savants travaillant au projet de simulation de guerre nucléaire, il suffisait donc qu'il devine son mot de passe. Tout cela se passait il y a une dizaine d'années, et le choix des mots de passe était encore très personnel : en essayant successivement les prénoms de l'épouse et des enfants du savant, on avait de bonnes chances de tomber sur le sésame recherché. C'est d'ailleurs ce qu'avait prévu le scénario du film. Une fois dans la place, le gamin pouvait laisser libre cours à sa curiosité d'abord, pour explorer les programmes et les données du centre de calcul, à son imagination ensuite, pour susciter des péripéties dignes d'un déploiement de ressources hollywoodien.

L'Internet offre à ce genre de « petits génies » des perspectives grandioses. Ils ont le choix entre plusieurs millions de cibles, et n'ont même pas besoin d'en connaître le numéro de téléphone : le serveur de nom leur indiquera l'adresse Internet à utiliser. Bien sûr, il faut trouver les noms des utilisateurs autorisés, ou plus exactement leurs numéros de compte. Mais ce n'est pas très difficile : on peut par exemple regarder les noms de codes figurant dans les adresses de messagerie, voire utiliser des services d'information comme « finger ». Il faut ensuite trouver le mot de passe : si on connaît la personne dont on veut emprunter le compte, on pourra procéder comme ci-dessus, en essayant les prénoms de personnes proches. En fait, la deuxième vague de « hackers », nous dirons « pirates », utilisa une particularité du programme de contrôle le plus utilisé à l'époque dans l'Internet, le système d'exploitation Unix. Dans les machines gérées par le programme Unix, les caractéristiques principales des utilisateurs du système sont listées dans un « fichier des mots de passe », dont le nom de code est « /etc/passwd ». On y trouve le nom de l'utilisateur, son numéro de compte, le nom du programme d'accueil qu'il utilise et aussi son mot de passe. Ce mot de passe n'est évidemment pas stocké « en clair » dans le fichier : ce serait beaucoup trop dangereux. On y trouve en fait une valeur chiffrée, une clef de deux lettres et le résultat du chiffrement de cette clef par le mot de passe de l'utilisateur. Quand un utilisateur essaye de se connecter, on vérifie que le mot de passe est correct en chiffrant les deux lettres clefs avec la valeur proposée, puis en comparant le résultat à la valeur stockée dans le fichier. En théorie, le chiffrement est inviolable et on ne peut pas retrouver le mot de passe à partir du fichier, qui n'est donc pas particulièrement protégé. Mais les pirates trouvèrent la faille. Il leur suffisait de se connecter à des systèmes non protégés, par exemple en se servant des accès réservés à des « invités » ou « visiteurs », pour obtenir une copie du fichier. Ils pouvaient ensuite utiliser leurs ordinateurs personnels pour « essayer des mots de passe », en simulant les vérifications du système cible. On trouve sur le réseau des programmes de tests et des « dictionnaires de mots de passe », listant les noms et prénoms les plus usuels des langues courantes : en laissant le programme effectuer ses calculs pendant quelques heures, on a de bonnes chances de trouver le mot de passe utilisé par au moins un des utilisateurs réguliers du système. On peut alors se servir de son code d'accès, ce qui offre des perspectives beaucoup plus intéressantes qu'un compte réservé aux invités ou visiteurs. Il se peut, de plus, que la personne visée ait accès à plusieurs autres ordinateurs, et y utilise le même mot de passe. Le pirate pourra alors utiliser l'Internet pour accéder à ces autres ordinateurs, et poursuivre plus avant son exploration.

L'activité des pirates peut paraître anodine. Après tout, il n'est pas bien grave que des adolescents réussissent à pénétrer dans un ordinateur pour s'en vanter ensuite auprès de leurs petits camarades. Ce ne serait, pourrait-on penser, qu'une version moderne du voleur de pommes dans un verger. Mais les jeux des adolescents cachent les activités de bandits autrement mieux organisés. Lors d'une enquête, on a pu vérifier que des jeunes allemands qui avaient pénétré un ordinateur de la NASA travaillaient bel et bien pour le KGB, et que, loin de chercher une vaine gloriole, ils voulaient surtout obtenir des secrets industriels. Les mafias et les maîtres-chanteurs ne sont pas forcément très loin. D'ailleurs, quiconque se montrerait trop tolérant pourrait bien se voir inculper de complicité, puisque certains réseaux de trafiquants se servent d'ordinateurs piratés comme base d'échange de logiciels volés. Non seulement la victime se fait voler la puissance de calcul de sa machine, mais elle se trouve coupable de recel !

Bien sûr, les victimes potentielles des pirates ne sont pas restées inertes. Très vite, elles se sont rendu compte qu'il ne fallait jamais utiliser des mots de passe « triviaux » et que quel que soit l'amour qu'on porte à ses enfants, il vaut mieux ne pas utiliser leur nom à cet effet. On recommande d'utiliser des mots de passe « imprononçables », incluant des lettres mais aussi des chiffres et des « caractères spéciaux », par exemple des points, des virgules ou des tirets. On garantit ainsi que le mot choisi ne sera pas présent dans les « dictionnaires de mots de passe » utilisés par les pirates. En fait, les responsables informatiques consciencieux se procurent des copies des outils utilisés par les pirates et s'en servent pour tester les mots de passe choisis par leurs utilisateurs. Si un mot de passe est « trop faible », le responsable réussira à le découvrir avant que les pirates aient pu s'en apercevoir, et il suggérera amicalement à l'utilisateur d'en trouver un autre.

Les pirates durent donc trouver d'autres manières de perpétrer leurs petits exploits. La troisième vague d'attaques utilisa les failles des systèmes informatiques, et en particulier celles d'Unix, qui était comme nous l'avons dit le plus répandu parmi les serveurs de l'Internet. Comme tous les programmes permettant de partager un serveur informatique entre plusieurs utilisateurs, Unix met en place des protections pour restreindre l'accès d'un utilisateur donné aux seuls logiciels et fichiers qu'il est explicitement autorisé à utiliser. Mais ces contrôles sont réalisés par des mécanismes complexes. Comme dans tous les programmes informatiques complexes, il y avait des failles dans ces protections, des erreurs de programmation. En utilisant ces failles, on pouvait « passer à travers » les protections, acquérir les droits réservés à d'autres utilisateurs voire à l'administrateur lui-même, au « super-utilisateur ». La démonstration la plus spectaculaire de ces faiblesses eut lieu en 1988, à l'initiative d'un jeune étudiant en informatique américain, Morris.

Le ver du jeune Morris se répandit dans l'Internet comme une traînée de poudre. Chaque machine infectée révélait le nom de cibles potentielles où l'épidémie pouvait se propager. En moins d'une nuit, presque tout le réseau était atteint, et les responsables informatiques paraissaient aussi désarmés que, devant la peste noire, les médecins du Moyen Âge. Il fallut que les experts les plus chevronnés d'universités comme Stanford ou le MIT conjuguent leurs efforts. Ils eurent besoin pour cela, comble de l'horreur pour un internaute, d'utiliser le téléphone : le réseau était tellement perturbé qu'on ne pouvait plus s'y fier. Néanmoins, ils réussirent à « disséquer le ver » et à en comprendre le mode d'action, puis à proposer un série de remèdes simples : débrancher le programme « finger », interdire le débogage en temps réel du programme de messagerie « sendmail ». En quelques jours, tout rentra dans l'ordre. Le ver était spectaculaire, mais il n'avait pas été programmé pour détruire : il monopolisait la machine dans laquelle il résidait, mais en laissait les fichiers intacts. L'alerte avait néanmoins été chaude. Elle avait souligné la vulnérabilité des systèmes informatiques. Les mots de passe sont en quelque sorte la clef qui permet d'ouvrir la porte d'entrée ; mais les meilleures serrures ne servent guère si par ailleurs il est facile d'entrer par la fenêtre, de profiter des trous béants creusés par les erreurs de programmation des systèmes.

Là encore, les gestionnaires des serveurs informatiques réagirent. La première défense fut la mise en place de mécanismes d'information. Les autorités américaines mirent en place le CERT (Computer Emergency Response Team) qui centralise les connaissances sur les faiblesses des systèmes et diffuse régulièrement des « avis », signalant les erreurs récemment découvertes et les manières d'y parer. Cette procédure d'alarme permet de prévenir les responsables de réseaux, de les aider à se défendre contre des piratages. Elle contribue aussi à sensibiliser les fournisseurs de matériels et de logiciels, les encourageant à protéger au plus vite les défauts de leurs cuirasses. Mais toute cette procédure de signalement et de correction prend du temps et demande que les machines connectées au réseau soient sérieusement administrées. Le réseau d'une grande entreprise comprend souvent des centaines, voire des milliers de machines. La plupart de celles-ci sont des ordinateurs individuels ou des petits serveurs départementaux qui, très souvent, ne peuvent pas être strictement contrôlés par les responsables du réseau. Il y a alors un risque que certaines de ces machines utilisent encore des versions périmées du logiciel, dans lesquelles les erreurs perdurent et les trous de sécurité restent béants. Ou encore, que des utilisateurs peu précautionneux continuent à utiliser des procédures risquées, facilement contournables par les pirates.

L'idéal serait bien sûr de ne pas laisser tous ces utilisateurs peu soigneux se connecter à l'Internet : on ne risquerait pas qu'ils ouvrent la porte, ou la fenêtre, aux pirates. Mais, d'un autre côté, ce serait là jeter le bébé avec l'eau du bain : se priver de connectivité, c'est se priver d'informations, d'échanges avec l'extérieur. À terme, c'est s'appauvrir, perdre des marchés, un risque donc qu'on ne souhaite pas davantage courir. La solution la plus populaire consiste à installer un genre d'écluse, qu'on appelle en anglais « firewall », coupe-feu. L'écluse permettra de contrôler entrées et sorties, ne laissant pénétrer dans le réseau que les utilisateurs qui ont dûment montré patte blanche. La porte extérieure sera exposée au grand large, à l'Internet. Mais cette porte, en fait un serveur informatique, est entièrement sous la responsabilité des administrateurs du réseau, supposés plus responsables et plus diligents que des utilisateurs ordinaires.

Il existe plusieurs systèmes d'écluses, plus ou moins « transparentes », plus ou moins faciles à traverser. Si les responsables des réseaux jugent souvent leur présence nécessaire, il est fréquent que les utilisateurs ne les apprécient guère, car elles ralentissent les échanges, voire restreignent les services utilisables. En général, la traversée de l'écluse impose que l'utilisateur décline son identité et déclare le service qu'il souhaite utiliser, afin qu'on puisse vérifier des « droits d'accès ». La manière de vérifier dépend en fait du service : courrier électronique, transfert de fichiers, accès à des documents distants ne sont pas protégés de la même façon. Les procédures peuvent être parfois assez lourdes. Pire encore, il s'écoule souvent un certain temps entre la création d'un nouveau service sur l'Internet, comme par exemple le « web » ou les conférences multimédias, et la mise en place des relais correspondants dans l'écluse. Dans l'intervalle, les utilisateurs locaux ne peuvent pas profiter du nouveau service. Certains accepteront volontiers cet inconvénient, jugeant que ce n'est après tout qu'un faible prix à payer pour maintenir les barbares hors des murs. D'autres, comme par exemple les chercheurs, pour qui l'accès aux plus récentes informations est absolument crucial, refuseront tout simplement ce genre de contrainte. Ils préféreront subir un piratage de temps en temps plutôt que d'installer une écluse : mieux vaut quelques inconvénients passagers qu'une gêne permanente.

En fait, certains experts en sécurité pensent que les chercheurs ont raison. La métaphore classique est celle de la bonne miche de pain : croûte craquante, mie fondante. Les écluses procurent un certain confort, un certain sentiment de sécurité : comme une croûte ou une coquille, elles protègent le réseau local. Mais si un pirate casse la croûte, trouve la faille dans la coquille, il pourra tranquillement savourer la mie, s'installer comme le ver dans le fruit. Au contraire, si le réseau est ouvert au grand large, on peut espérer que chaque utilisateur prendra conscience des risques et fera en sorte que sa machine ait le niveau de sécurité requis. Idéalement, chaque machine sera aussi résistante que les portes de l'écluse. En pratique, cet idéal est difficile à atteindre, sauf peut-être dans des organisations de très haut niveau technique.

On peut bien sûr se demander comment des pirates pourraient contourner une écluse, surtout si elle est bien gérée et ne met en œuvre que des logiciels testés et vérifiés. Mais il y a tout lieu de penser que de tels incidents peuvent se produire. Premièrement, la perfection n'est pas de ce monde. Même si on suit rigoureusement les avis des CERT, même si on n'installe que des logiciels de bonne marque, on court toujours le risque que les pirates trouvent, avant les constructeurs, la faille fatale. On peut cependant penser que ce risque diminue avec le temps, que les erreurs se font de plus en plus rares. En revanche, la deuxième cause d'incidents ne diminue pas avec le temps. Par leur principe même, les écluses sont conçues pour protéger le réseau d'une société contre des agressions extérieures : elles ne protègent pas contre l'ennemi intérieur. Si le pirate trouve un complice dans la place, percer la croûte sera pour lui un jeu d'enfant. Or trouver un complice est une activité bien connue des malfaiteurs et des espions, en jouant par exemple sur les sentiments amoureux ou les besoins d'argent, voire sur la soif de revanche d'employés mécontents. En fait, et c'est la troisième cause de pénétrations, les pirates peuvent aussi utiliser à leur insu les droits d'accès de collaborateurs extérieurs de la société.

Il y a quelques mois, un étudiant en stage dans notre laboratoire appela un lundi matin l'ingénieur système. « C'est bizarre, dit-il, je n'ai pas travaillé ce week-end, pourtant la machine indique que je me suis connecté samedi à minuit ». Très bizarre en effet : un pirate, se connectant via l'Internet depuis les États-Unis, avait utilisé son compte, et avait d'ailleurs cherché à s'en servir comme d'un tremplin pour pénétrer plus avant dans notre réseau. Il avait fallu pour cela qu'il obtienne le mot de passe de notre étudiant. Or ce mot de passe était « sûr » : nous avions vérifié qu'il n'était présent dans aucun des dictionnaires usuels. Et notre étudiant certifiait qu'il ne l'avait montré à personne. En fait, il avait été victime d'un « reniflage de mot de passe ». Étant étudiant, il partageait son temps entre l'université et notre laboratoire. Entre deux cours, il se rendait dans une salle informatique de l'université et utilisait l'Internet pour continuer à distance ses travaux. Chaque fois qu'il se connectait, notre serveur lui demandait son mot de passe, qu'il donnait consciencieusement.

Le réseau de l'université n'était pas aussi sûr que le nôtre. Un pirate avait réussi à le pénétrer et à installer sur une des machines un « renifleur », c'est-à-dire un programme qui écoute tous les paquets transmis sur le câble pour reconstituer et mémoriser les différentes conversations. Bien sûr, sur un réseau local, une station n'est normalement programmée que pour écouter les données qui lui sont explicitement adressées. Mais il est assez simple, si on a la maîtrise du système, de reprogrammer la prise réseau pour écouter tout le trafic. C'est ce qu'avait fait le pirate en installant son renifleur. Le reste est facile à deviner : le renifleur avait capturé les premières lignes échangées entre la station de l'université et notre serveur, en avait extrait le numéro de compte et le mot de passe de notre étudiant, et avait utilisé l'Internet pour poster le tout à son installateur, le pirate. Celui-ci avait ensuite utilisé ces précieuses informations pour se connecter chez nous. Il comptait bien trouver une faille dans notre serveur, en acquérir là encore la maîtrise et installer un autre renifleur, ce qui lui aurait permis de progresser plus avant. La chance a voulu qu'il ne parvienne pas à ses fins. Nous avons changé nos mots de passes, durci nos procédures, et attendons maintenant l'attaque suivante.

La facilité avec laquelle ce genre d'attaque peut se perpétrer a conduit l'IAB à édicter une recommendation simple : n'envoyez jamais votre mot de passe « en clair » sur un réseau. En fait, l'amélioration de la sécurité du réseau est perçue par l'IAB comme une de ses deux tâches les plus importantes – pratiquement à égalité avec la nécessité de développer l'adressage et le routage pour permettre à l'Internet de multiplier sa taille par mille dans les prochaines années. En février 1994, une trentaine d'experts se réunirent à Los Angeles, dans les locaux de l'Information Science Institute (ISI), pour étudier la meilleure manière d'y parvenir, ou, plus précisément, pour réfléchir à une « architecture pour la sécurité de l'Internet ». Ne jamais envoyer de mot de passe en clair sur le réseau fut leur première recommandation, celle qui devait être promulguée immédiatement. Cette recommandation est en fait assez facile à suivre. On peut par exemple utiliser des mots de passe « qui ne servent qu'une fois » : on trouve sur l'Internet des programmes permettant de générer de telles listes de mots de passe, comme par exemple le programme S-Key. On peut aussi utiliser des clefs électroniques, genre de petites calculatrices qui partagent un code secret avec le serveur auquel on veut se connecter. Quand on veut se connecter, l'ordinateur pose une question, par exemple cite un nombre au hasard. L'utilisateur tape ce nombre suivi de son code d'accès sur la calculatrice, puis fournit le résultat au serveur. Comme le nombre change à chaque connexion, l'espion qui aurait écouté la conversation ne pourra pas réutiliser le résultat. On trouve sur le marché de nombreux systèmes de ce type, comme, par exemple, SecureId ou Digital Pathways.

Protéger les accès aux machines en ne transmettant jamais de mots de passe en clair sur le réseau est une première mesure utile, qui ne s'applique d'ailleurs pas qu'aux connexions entre utilisateurs et serveurs. Il faut protéger de la même manière les procédures d'administration du réseau, qui permettent de « télécommander » serveurs et routeurs, les procédures de routage, qui permettent de calculer les chemins suivis par les données, et l'accès aux annuaires et aux serveurs de noms. Là encore, il s'agit de développements assez simples. La version 2 du protocole d'administration de réseau SNMP, publiée en 1993, est déjà sécurisée. Des versions sécurisées des protocoles de routage RIP et OSPF ont été développées en 1994. Tout cela s'inscrit en fait dans un mouvement général vers plus de sécurité, attendu avec impatience, car protéger les mots de passe ne suffit pas. Cela permet sans doute d'éviter les intrusions, c'est-à-dire la partie la plus visible et la plus spectaculaire des menaces. Mais, au fur et à mesure que se développent les utilisations commerciales de l'Internet, d'autres attaques se préparent.

Les mêmes renifleurs qui avaient fourni à une première génération de pirates de copieuses récoltes de mots de passe peuvent être reprogrammés pour acquérir d'autres types d'information, par exemple des numéros de cartes de crédit. Ces numéros ont une forme très facile à reconnaître : toujours le même nombre de chiffres, commençant toujours par le numéro de la banque émettrice. Les mêmes escroqueries, commises aujourd'hui à partir de duplicata des facturettes, pourraient alors être répétées à grande échelle. On aurait affaire à une nouvelle branche de l'informatique, l'escroquerie assistée par ordinateur, EAO. On pourrait bien sûr envisager de mettre en place des systèmes similaires aux protections des mots de passe, par exemple des numéros de carte de crédit ne servant qu'une fois, ou bien des cartes de crédit « intelligentes » calculant des signatures électroniques au bas de facturettes informatisées. Mais il ne s'agit là que d'une solution partielle : les pirates trouveront autre chose. L'écoute de vos conversations peut être très instructive pour des spéculateurs en bourse, pour des concurrents sur un marché ou pour des maris trompés. En fait, la seule solution est de rendre votre réseau inécoutable.

On pourrait penser que pour se protéger contre les indiscrets, il suffit de s'assurer qu'aucun pirate ne peut disposer un renifleur sur notre réseau, en protégeant bien l'accès aux locaux et en surveillant les connexions à travers le réseau. C'est une bonne idée, mais cela ne suffira pas pour empêcher de nuire des espions expérimentés. Les informations sont transmises sur les réseaux par des signaux électriques, qui génèrent des ondes radios. Ces ondes sont certes faibles, mais un équipement adéquat permet de les capter. La légende veut que, quand le contrôle des changes était encore en vigueur en France, les services du fisc français aient utilisé ce genre de procédés pour obtenir des relevés de comptes imprimés par les ordinateurs de banques suisses. Sans faire appel à des techniques aussi sophistiquées, on peut remarquer qu'écouter un modem n'est pas beaucoup plus compliqué qu'écouter une conversation téléphonique ordinaire. En dernier recours, les organisations criminelles pourront aussi s'assurer de complicités locales : après tout, les deux tiers de la délinquance informatique sont attribués à des sources internes, à des employés mécontents ou vénaux. Par ailleurs, quand nous utilisons l'Internet, nos données sont acheminées par plusieurs réseaux, par plusieurs fournisseurs, peut-être dans plusieurs pays. Les points d'écoute sont multiples, on ne peut pas vraiment espérer tous les contrôler.

La solution normale consiste à chiffrer les données échangées. En début de conversation, les deux partenaires conviennent d'une « clef » et d'un algorithme de chiffrement, qui leur permettront de protéger leurs données, de les rendre inécoutables par des tiers. Les techniques de chiffrement et d'échange de clefs sont désignés sous le nom de « cryptographie ». Il s'agit d'une branche spécialisée des mathématiques, qui a longtemps été l'apanage des militaires. Jules César utilisait déjà, dit-on, des techniques de ce genre. Il remplaçait chaque lettre par une autre, par exemple A par L, B par M, C par N, etc, de manière que seuls ses lieutenants puissent déchiffrer ses missives. Les Gaulois, paraît-il, n'y comprenaient rien. En fait, les techniques modernes sont nettement plus complexes que celles de Jules César, car nos ordinateurs calculent beaucoup plus vite que ses scribes. Des algorithmes basés sur les propriétés des nombres premiers permettent d'échanger des clefs de manière sûre, comme l'ont montré en 1979 MM. Diffie et Hellman, ou bien d'élaborer des signatures électroniques, comme l'algorithme RSA présenté en 1983 par MM. Shamir, Rivest et Adleman. Le Data Encryption Standard (DES) a fait l'objet de nombreuses implémentations sous forme de logiciels ou de composants spécialisés. D'autres algorithmes, élaborés plus récemment, sont soit beaucoup plus résistants que le DES, plus difficiles à percer même pour les super-ordinateurs des services de contre-espionnage, soit beaucoup plus simples à calculer, même par un simple ordinateur personnel. En bref, la technique est bien connue, les moyens de se protéger existent. Pourtant, malgré les menaces posées par pirates et espions, ils sont encore très peu utilisés.

Il y a à cela une bonne raison. Le commerce des logiciels et matériels cryptographiques est, dans la plupart des pays, très contrôlé, ceci d'abord pour des raisons militaires : la leçon de Jules César a été bien retenue. La conduite d'une armée requiert des communications fiables ; capter les ordres de marche de l'ennemi peut procurer à l'état-major un avantage décisif. Pour cette raison, la plupart des pays réglementent la production et surtout la vente à des étrangers de ce type de produits. Règlements et législation varient cependant beaucoup d'un pays à l'autre. Pour les pays occidentaux, le Cocom a longtemps imposé des conditions minimales aux pays membres : les matériels et logiciels de cryptographie étaient assimilés à des armes, leur exportation soumise aux mêmes procédures et contrôles que les exportations de munitions. L'utilisation à l'intérieur d'un pays est par contre souvent autorisée : c'est le cas aux États-Unis, sans restriction, et en Allemagne, dans des réseaux privés. Seuls quelques pays comme l'Irak, la Russie et malheureusement la France possèdent une réglementation restreignant même le simple usage.

En France, la commercialisation et l'utilisation de logiciels et de matériels mettant en œuvre des techniques de cryptographie sont actuellement réglementées par une loi datant de 1991, dont la mise en œuvre est définie par un décret signé en décembre 1992 par M. Bérégovoy. La loi distingue deux utilisations de la cryptographie, l'authentification ou vérification d'identité d'une part, le chiffrement permettant d'assurer le secret des communications d'autre part. La commercialisation et l'utilisation des produits d'authentification, qu'on utilise en lieu et place des « mots de passe » que nous avons décrits ci-dessus, sont soumises à « déclaration » au SCSSI (Service central de la sécurité des systèmes informatiques, rattaché au

Premier ministre). Celles des produits de chiffrement requiert une « autorisation » préalable : le vendeur doit déposer un dossier et attendre qu'il soit accepté avant de commencer à commercialiser ses produits, le client doit déclarer son intention et obtenir une autorisation avant d'avoir le droit de les acheter. En pratique, une procédure aussi lourde freine énormément le commerce. On ne se préoccupe de la mettre en œuvre que si le besoin de sécurité est urgent et évident, par exemple pour des transferts bancaires ou pour des industries travaillant pour la Défense nationale. De plus, il n'y a aucune obligation pour le SCSSI de délivrer effectivement des autorisations. Ce service peut la refuser, ou bien imposer des restrictions, comme par exemple de ne chiffrer dans une banque que les bordereaux d'échange de fonds mais de laisser en clair les correspondances échangées par les employés. C'est le règne de l'arbitraire. Les critères de décision sont secrets, les décisions ne sont pas motivées, aucune discussion n'est possible ni semble-t'il aucun recours. Le gouvernement de la France perpétue encore bien des traditions de la monarchie absolue.

Les restrictions françaises à l'utilisation de la cryptographie, comme d'ailleurs les restrictions internationales à l'exportation, freinent considérablement le déploiement de ces techniques sur l'Internet. Si on ne peut pas exporter, il faut travailler pour un seul marché national, ce qui signifie des séries plus petites, des coûts plus élevés ; en pratique, il faudra développer deux versions de chaque produit, la version export ne permettant pas le chiffrement mais seulement l'authentification. Le logiciel

Kerberos, mis au point au MIT pour protéger les échanges sur un réseau local, ne peut ainsi pas être exporté dans sa version « nominale » : hors des États-Unis, on ne peut utiliser qu'une version restreinte, n'assurant pas la confidentialité des échanges. Tous les experts sont cependant d'accord : la sécurisation du réseau requiert qu'on mette en œuvre ces techniques. Le chiffrement n'est d'ailleurs pas seulement une manière d'interdire à des tiers de capturer nos informations, c'est aussi la manière normale d'en contrôler la diffusion. De la même manière que les chaînes de télévision payantes diffusent un signal chiffré et vendent la clef de déchiffrement, les fournisseurs d'informations souhaitent diffuser leurs documents chiffrés sur le réseau mais en vendre la clef. Si on ne pouvait pas le faire, il faudrait doter chaque utilisateur d'un code d'accès spécifique, ce qui suppose des procédures administratives très lourdes et interdit, en fait, d'optimiser la transmission de l'information en utilisant des « points de diffusions » ou des envois simultanés vers plusieurs clients. Le commerce électronique ne se développera pas sans une meilleure protection des documents échangés, ce qui implique qu'on puisse les chiffrer. Il faudra bien que la réglementation évolue. Pourtant, les administrations concernées s'accrochent à une réglementation restrictive, mettant en avant la sécurité publique, la lutte contre la criminalité organisée, l'intérêt de la Défense nationale.

Il est tout à fait clair que si on laisse tout un chacun protéger ses données, la police ne pourra plus y accéder. C'est la fin des écoutes téléphoniques, ou au moins de leur équivalent informatique. L'argument a bien sûr deux facettes. Certains pensent que ces écoutes sont un outil nécessaire au maintien de l'ordre, d'autres qu'elles sont une atteinte inexcusable à la vie privée. Il y a là évidemment matière à débat. De quel côté doit-on faire pencher la balance ? En fait, nous avons d'amples preuves que l'informatisation croissante de la société a grandement facilité le travail de la police. Il suffit de considérer les indices retenus dans l'enquête sur l'affaire OM-Valenciennes. Le juge a pu saisir des relevés de péage d'autoroute, des factures de carte bleue, le listing des communications du central téléphonique d'un hôtel. Nous laissons un peu partout des empreintes électroniques, ce qui fait courir de sérieux risques à la notion même de vie privée. C'est cette observation qui a conduit Phil Zimmerman à développer le logiciel PGP (Pretty Good Privacy), qui permet de chiffrer les messages électroniques. PGP n'est pas le seul logiciel de ce type disponible sur l'Internet, mais c'est certainement le plus diffusé. Il permet à des partenaires de s'échanger des « clefs de chiffrement », en utilisant l'algorithme RSA, puis de se servir de ces clefs pour chiffrer les messages. PGP permet aussi de chiffrer les fichiers locaux, ceux qu'on garde sur le disque dur de son ordinateur : même si un intrus s'introduit par effraction dans votre bureau, il ne pourra pas lire vos données.

Les services de police, et plus encore les services secrets, ont souvent un avis différent. La tentative par les agences de sécurité états-uniennes d'imposer comme moyen unique de chiffrement autorisé aux citoyens la puce

« Clipper », dont elles auraient pu facilement pénétrer les défenses, a donné lieu à des débats caractéristiques. Les défenseurs du libre accès à la cryptographie mettaient en avant l'utilisation de PGP par les citoyens soviétiques pour passer des informations malgré la censure pendant la tentative de coup d'état de 1993. Le FBI répliquait en soulignant l'utilisation de messages chiffrés par des réseaux de pédophiles. Le chiffrement peut bien sûr être utilisé par des sociétés criminelles pour maintenir secrète la préparation de leurs entreprises. C'est un vrai danger, mais ce n'est pas forcément une raison pour bannir cette technologie. Les bandits profiteront toujours des techniques disponibles dans la société. Doit-on réserver à la police l'usage des automobiles parce qu'elles facilitent la fuite des voleurs ? Au demeurant, l'interdiction actuelle est tellement facile à contourner qu'elle ne s'applique vraiment qu'aux citoyens respectueux des lois. On n'a pas besoin d'un génie des mathématiques pour développer ces systèmes : les spécifications des algorithmes RSA ou DES sont publiques, il suffit de les programmer. On peut même très facilement obtenir des programmes tout faits dans des pays non soumis aux règles du Cocom, comme la Finlande. Les organisations criminelles, par définition, ne s'embarrassent pas trop des lois et n'ont aucune peine, par exemple, à se procurer des armes. On pourrait objecter qu'interdire le chiffrement permet de condamner plus facilement ceux qui l'utilisent, à la manière du délit de port d'arme. Mais c'est méconnaître l'état de la technique : on peut très facilement dissimuler les messages chiffrés dans des données anodines, par exemple dans le codage des détails d'une photographie. Il sera à la police très difficile, voire impossible, de prendre quelqu'un sur le fait. Par contre, l'interdiction du chiffrement profite aux bandits, puisqu'ils peuvent à leur aise espionner les honnêtes gens. L'effet total de cette interdiction sur la répression de la grande criminalité est donc très discutable.

Les restrictions à l'exportation relevaient du souci légitime d'éviter d'armer nos ennemis. Les communications jouent un rôle essentiel dans la conduite d'une guerre, dans l'organisation de la défense. Les rendre inécoutables, impénétrables, procure un avantage évident. Ces restrictions pouvaient très facilement être appliquées quand le chiffrement requérait des matériels spécialisés, que seuls maîtrisaient des mathématiciens experts employés soient directement par l'état soit par des sociétés très liées à la Défense nationale. Ces restrictions peuvent sans doute encore être appliquées aux ventes de circuits électroniques spécialisés dont il n'y a qu'un petit nombre de fabricants faciles à contrôler. Mais comment espérer éviter que les puissances étrangères n'acquièrent ou ne développent des logiciels de cryptographie ? Comme nous l'avons dit au paragraphe précédent, de nombreux algorithmes sont publics, certains faisant même l'objet de standards internationaux. Développer le logiciel correspondant est à la portée de n'importe quel bon ingénieur. Il serait ridicule de croire que nos ennemis potentiels n'ont pas ce savoir-faire. Plutôt que de chercher à interdire le commerce du logiciel, il vaudrait mieux pour la Défense nationale développer les méthodes de déchiffrement d'une part, des algorithmes plus résistants à usage militaire d'autre part.

La déréglementation de la cryptographie est inévitable à terme. Certains ont pu penser qu'il suffirait d'ouvrir une soupape en autorisant seulement l'usage à des fins d'authentification. C'est l'esprit de la loi française, mais c'est une illusion d'optique. Les algorithmes utilisés sont les mêmes, les logiciels sont multi-usages. On ne peut pas, par exemple, protéger un fichier de mots de passe sans le chiffrer, mais si on sait chiffrer le fichier des mots de passe alors on sait chiffrer son courrier personnel. De plus, mettre en place un système d'authentification a un coût très élevé. Il faut former le personnel, mettre en place des serveurs fiables, des canaux protégés pour renouveler les codes d'accès, des accords entre entreprises partenaires. En pratique, personne ne souhaite faire un investissement aussi lourd pour seulement une demi-protection. Les produits commerciaux, pour réussir sur le marché, doivent fournir aussi le chiffrement. L'intérêt évident de protéger la vie privée d'une part, le commerce électronique d'autre part, doivent l'emporter sur les considérations de maintien de l'ordre et de défense, qui sont de toute façon illusoires. Autoriser le chiffrement des communications privées permettra de rétablir un peu l'équilibre au profit des libertés individuelles, que l'informatisation croissante de la société peut mettre en danger. Au demeurant, est-il bien normal, dans un pays démocratique, que la police puisse à leur insu écouter les citoyens ?

Sons, lumières et odeurs

Quand j'ai commencé à connaître l'Internet en 1983, nous ne pouvions échanger en pratique que des messages très simples, de courts textes, sans mise en pages ni accents. Certains ordinateurs ne permettaient même pas de distinguer majuscules et minuscules, leurs messages ressemblaient au vieux télex. Il suffit d'explorer quelques instants le web pour se rendre compte des progrès réalisés en dix ans. Les ordinateurs ont appris à coder les sons, les images, voire des séquences vidéo. La messagerie a intégré les techniques du traitement de texte. L'Internet a appris à transmettre ces nouveaux documents. Mais des augures aigris mettent en doute la qualité du système. Il faut beaucoup plus de capacité de transmission pour le multimédia que pour de simples textes, beaucoup plus que l'Internet ne pourrait à leur avis offrir. D'ailleurs les autoroutes de l'information devront aussi passer des communications « temps réel », ce que ne permettrait pas selon eux la technologie de l'Internet. On m'autorisera sans doute à émettre un avis contraire. Non seulement l'Internet peut croître en puissance, mais le temps réel est déjà en train de sortir des laboratoires, et les rêves les plus fous semblent prêts à se concrétiser.

L'Internet ne serait, selon ses détracteurs, qu'une « départementale » ou au mieux une « bretelle » pour les autoroutes de l'information. D'ailleurs, si on regarde l'état actuel de la plupart des connexions, ils peuvent paraître avoir raison. L'utilisateur « de base » se connecte à l'Internet via un PC, un modem et une ligne de téléphone. S'il peut recevoir une page de texte en moins d'une seconde, il lui faudra souvent attendre trente secondes pour une image de définition très moyenne voire une demi-heure pour charger une petite séquence vidéo. Mais l'Internet ne se limite pas aux modems et aux téléphones. L'ordinateur sur lequel je travaille, à l'INRIA, est connecté au réseau local à haut débit du centre de recherche, lui-même relié à l'Internet par une liaison numérique presque deux cents fois plus puissante que le modem de l'utilisateur de base. La page de texte moyenne peut être reçue en une fraction de seconde, les images en moins d'une seconde, les clips vidéo en quelques dizaines de secondes, à condition bien sûr que les serveurs soient eux aussi connectés à haut débit et ne soient pas surchargés. Il est d'ailleurs question d'augmenter encore le débit de notre connexion. Elle était trente fois moins puissante il y a six ans, elle le sera sans doute deux fois plus l'année prochaine, peut-être quinze fois plus dans quelques années. Tout cela n'est qu'une question d'argent, de dégager les budgets suffisants pour obtenir davantage de capacité de communication.

J'ai déjà mentionné que la métaphore autoroutière était trompeuse, qu'il ne s'agissait pas de raser les collines et de goudronner les vallées. Comparer l'Internet à une « départementale » saturée aux heures de pointe procède de la même erreur. Si une route est saturée, il faut pour l'élargir des travaux considérables, des bulldozers, du ciment, des expropriations. La capacité est limitée, difficile à faire changer. Ce n'est pas le cas de l'Internet. Si une liaison est saturée, il suffit de passer commande et on obtient, en quelques semaines ou quelques mois, une liaison de capacité supérieure. Bien sûr, il faut payer, mais en principe les budgets disponibles devraient suivre l'augmentation de la demande. Si un utilisateur s'aperçoit que sa liaison n'est pas assez puissante, il peut décider d'y consacrer une somme un peu plus importante, exactement comme l'a fait mon centre de recherche. Si la saturation provient de l'arrivée massive de nouveaux clients sur le réseau, on peut espérer que les fournisseurs du service Internet utilisent une partie des nouveaux abonnements que versent ces nouveaux clients pour financer une augmentation de la capacité. C'est d'ailleurs exactement ce qui se passe dans les pays où l'Internet se développe le plus vite, qu'il s'agisse des États-Unis, de l'Angleterre ou de la Finlande. Malheureusement, il y a une différence majeure entre ces pays, où règne la concurrence, et la France.

En France, à l'heure actuelle, nous subissons le monopole de l'administration des télécommunications. Bien sûr, cette administration a essayé de se déguiser en une entreprise normale, en se faisant rebaptiser « France Télécom ». Mais c'est une drôle d'entreprise dont la plupart des employés sont fonctionnaires. Quant aux dirigeants, ils appartiennent tous à une de ces féodalités républicaines dont la France a le secret, le « corps des Télécoms » qui recrute à la sortie de l'école Polytechnique. La compétence technique y compte un peu, mais pas trop, car un ingénieur qui s'enfermerait dans la technique ne pourrait pas paraît-il devenir un grand dirigeant. L'esprit de corps, voire l'allégeance à des chapelles à l'intérieur du corps, compte beaucoup plus si on veut faire carrière. Ce système napoléonien a peut-être eu un intérêt quand il fallait au plus vite équiper la France et qu'on pouvait gérer l'industrie comme l'arsenal d'un pays en guerre. Mais ces temps sont révolus. Il faut vendre dans le monde entier pour espérer maintenir en France une industrie des télécommunications. Il faut aussi que le coût des télécommunications en France soit compétitif avec les coûts des autres pays si on ne veut pas pénaliser tous les autres secteurs de l'industrie française. À l'heure actuelle, nous en sommes très loin, mais nous savons que grâce à l'Europe le monopole vit ses dernières années et qu'il ne saurait perdurer après 1998.

L'argument des défenseurs du monopole est qu'il permettrait de mieux garantir le service public, de faire en sorte que tous les citoyens sur tout le territoire aient accès aux mêmes ressources au même coût. Le contre-argument classique des tenants de la libre concurrence est que placée en situation de monopole, une entreprise n'a plus besoin de contrôler lesdits coûts. Ils sont certes les mêmes pour tous, mais ils sont aussi notablement plus élevés que si l'entreprise avait été obligée de serrer ses prix pour faire face à la concurrence. Une comparaison entre les tarifs du téléphone en France et dans les pays où domine la concurrence montre que les économistes classiques ont bien entendu raison. Mais dans le cas des télécommunications, le monopole a un effet pervers bien pire qu'un simple dérapage de coûts. Il s'agit d'un secteur où les innovations sont constantes. Or l'administration des télécommunications utilise son monopole pour, soit bloquer tous les nouveaux développements, soit s'en assurer le contrôle. Les manipulations successives des tarifs en sont un exemple frappant. Avec les systèmes de transmission modernes, le prix de revient d'une liaison ne dépend quasiment pas de sa capacité. Mais les tarifs ne reflètent pas du tout ce prix de revient. Il sont au contraire quasiment proportionnels au nombre de canaux téléphoniques que la liaison peut transmettre. Le but est clair. Bien que la fourniture de services à valeur ajoutée ne fasse plus partie du monopole depuis 1993, tout est fait pour qu'il ne soit pas rentable d'acheter des capacités de communication en gros et les revendre au détail. En jargon administratif, cela s'appelle « harmoniser les tarifs pour éviter les évasions de taxes ». Un service entier de l'administration s'occupe de cette harmonisation.

La suppression du monopole devrait donc permettre de libérer des énergies considérables. Dans un premier temps, on devrait voir baisser très rapidement le coût des liaisons. Pour le même budget, les fournisseurs de réseaux Internet pourront donc se procurer des capacités de plus en plus importantes, ce qui améliorera la qualité du service et attirera de nouveaux utilisateurs. Or, à investissement par utilisateur égal, la qualité du réseau est d'autant meilleure que le nombre d'utilisateurs est plus élevé. Le principe même de la technologie de commutation de paquets utilisée dans l'Internet est que, à tout moment, les utilisateurs présents se partagent toute la ressource. Une analyse statistique montre que la capacité installée doit suivre la taille moyenne du réseau, mais que les délais d'attente dépendent surtout de la variabilité du trafic. Quand le nombre d'utilisateurs croît, la loi des grands nombres s'applique, l'importance relative des variations décroît, les temps de réponse deviennent meilleurs et plus stables. On devrait enclencher un cercle vertueux où la croissance du réseau entraîne une amélioration de sa qualité et donc l'arrivée de nouveaux clients.

Cette croissance risque d'ailleurs d'excéder les capacités de transmission déjà installées. Après tout, à l'heure actuelle, l'ensemble des liaisons de l'Internet représente seulement une petite fraction des réseaux téléphoniques. Les liaisons qu'on achète à l'administration des télécommunications ont d'abord été mises en places pour le téléphone, et on ne fait jamais qu'en changer l'utilisation. Mais si la croissance se poursuit, si on transmet de plus en plus d'images, de vidéo, l'Internet finira par transmettre plus de signaux que ne peuvent acheminer l'ensemble de ces réseaux téléphoniques. Il faudra installer entre les villes de nouvelles liaisons, ce qui ne devrait pas poser de problèmes particuliers après la disparition du monopole. Les fibres optiques sont si minces qu'on peut facilement en enterrer le long des autoroutes ou des lignes de chemin de fer. Elles sont si légères qu'on peut en suspendre le long des lignes électriques, voire en faire passer à l'intérieur des câbles à très haute tension, qui sont creux. Dans les régions au relief plus difficile, on pourra recourir à des transmissions hertziennes qui, même si elle ne sont pas aussi puissantes que les fibres optiques, permettent aussi d'installer des capacités de transmission considérables.

On devrait observer des investissements similaires dans les liaisons locales, à l'intérieur des villes, entre les utilisateurs et les points de raccordement des fournisseurs de réseaux Internet. Même après l'abolition du monopole, l'administration des télécommunications restera propriétaire des câbles reliant les postes des abonnés aux centraux téléphoniques. Recâbler une ville demande des investissements considérables. Monsieur Théry, un ancien directeur de l'administration des télécommunications, prétend dans son rapport qu'on ne pourra développer les « autoroutes de l'information » qu'en installant à grand frais des fibres optiques entre les centraux téléphoniques de nouvelle génération et chaque foyer. Il faudrait sans doute que les centaines de milliards nécessaires à cet investissement soient apportés par l'état, ce qui aurait immanquablement pour effet principal de garantir la survie du monopole pendant les vingt prochaines années. Mais on peut faire preuve de davantage d'imagination. L'utilisateur individuel n'a pas forcément besoin tout de suite de connexions qui seraient un million de fois plus puissantes que le téléphone actuel. On peut commencer par utiliser, là où il existe, le câble de la télévision. Contrairement à ce qu'indique le rapport de monsieur Théry, les voies de retours sont partout utilisables. On peut transmettre et recevoir deux cents fois plus de données qu'avec un modem et un téléphone en utilisant des équipements déjà en vente aux États-Unis, que rien d'ailleurs n'interdirait de fabriquer aussi en France. Il n'y a d'ailleurs pas que la fibre optique et le câble de télévision. On peut voir par exemple se développer des transmissions de données par radio à très haute fréquence, des réseaux d'immeuble, de quartier. Les progrès récents sont tels que rien n'interdit de croire aux progrès futurs. Le prix des communications baissera, les utilisateurs pourront avoir accès à très haut débit à l'Internet. Ils pourront charger en une fraction de seconde textes et images, musiques et vidéo, visiter à la vitesse de la lumière les serveurs web du monde entier.

Mais le web ne présente encore qu'une forme primitive d'interactions multimédias. On contacte à travers le réseau un serveur, on désigne un texte, une image, un enregistrement vocal, et on les recopie sur le disque dur de son ordinateur. C'est seulement quand cette recopie est terminée qu'on affiche l'image, qu'on écoute le son ou qu'on regarde la vidéo. Même si le réseau est puissant, il suffit que l'enregistrement sonore ou la vidéo dure un peu trop longtemps pour que le copie initiale se traduise par une attente insupportable. Dans les réseaux du futur, il faudra pouvoir supprimer cette copie initiale, transmettre sons et vidéos et les regarder ou les écouter en temps réel. Les mêmes procédés seront nécessaires si on veut que l'Internet devienne vraiment un réseau universel, qu'il puisse par exemple remplacer le réseau téléphonique.

À en croire les théoriciens des opérateurs classiques de télécommunication, ceux que mon ami Louis Pouzin appelait « la pététouille », ce serait impossible. L'Internet utilise la transmission par paquets. Puisque chaque paquet peut suivre une route différente, puisque le partage du réseau entre plusieurs utilisateurs crée des files d'attentes, le temps de transmission d'un paquet est imprévisible. Les capacités de transmission sont insuffisantes pour transmettre des sons en haute fidélité ou des images en haute définition, les variations des délais de transmission détruisent la synchronisation entre les différents médias et introduisent des distorsions du signal, les saturations temporaires des liaisons causent des pertes de paquets qui se traduisent pour le son par des craquements intempestifs et pour les images par ce qu'on appelle des « faces de pizza », où les morceaux d'image successives sont mélangées sur l'écran comme les tomates et les anchois d'une pizza. À en croire les experts des opérateurs classiques de télécommunication, il faut songer à remplacer l'Internet par quelque chose de plus sérieux, un réseau bien contrôlé offrant de sérieuses « garanties de services ». Leur candidat à ce rôle s'appelle ATM, ou « mode de transfert asynchrone », un hybride entre la commutation de paquets de l'Internet et la commutation de circuits du réseau téléphonique classique. Un hybride d'ailleurs en forme de paté d'alouette, avec une alouette de commutation de paquets et un cheval de commutation de circuit.

Le problème avec cette impossibilité théorique est que la transmission de voix ou de vidéo sur l'Internet fonctionne déjà. Il faut coupler une caméra et un micro à un ordinateur, numériser le signal, le comprimer, le mettre en paquets, et il peut alors traverser l'Internet. Il ne s'agissait au début que d'expériences, mais on a déjà dépassé le stade du laboratoire pour passer aux essais de services. Les sessions de la dernière conférence de l'IETF étaient, par exemple, suivies via l'Internet par des milliers de participants qui n'avaient pas pu faire le voyage. Ces participants écoutaient les interventions, pouvaient poser des questions, et cela depuis une vingtaine de pays. On a vu les Rolling-Stones diffuser une heure de concert sur le réseau, on a vu les astronautes de la NASA transmettre en direct leur rendez-vous avec la station MIR. Les images ne font certes que deux cents lignes au lieu des six cents d'une télévision classique, elles ne se renouvellent que trois ou quatre fois par seconde au lieu de vingt-cinq, et le son craque encore un peu. Mais le système s'améliore de mois en mois, voire de semaine en semaine. Les équipes de recherche de Xerox à Palo-Alto, des laboratoires Lawrence Berkeley, des universités de Cornell, de Londres, de Berlin, ma propre équipe à Sophia Antipolis, produisent de nouveaux prototypes, s'échangent des résultats et des suggestions, mettent au point des standards de transmission sur le réseau. Le son hi-fi est pour demain, les images à haute définition pour après-demain, dès que les nouvelles générations de microprocesseurs se seront répandues et que la suppression du monopole aura permis d'accroître les capacités du réseau. Les théoriciens qui avaient diagnostiqué l'impossibilité de passer voix et vidéo sur l'Internet avaient, léger oubli, omis de prendre en compte la puissance de calcul des ordinateurs personnels.

Les téléphones actuels utilisent très peu d'électronique, plutôt moins que dans un poste de radio à transistor.

C'est la conséquence d'un choix délibéré d'architecture, de faire des « terminaux » simples et bon marché, et de concentrer l'intelligence et la complexité dans des centraux téléphoniques. L'Internet, nous l'avons déjà vu, repose sur les prémisses inverses. Les routeurs, les nœuds du réseau, sont aussi simples que possible et coûtent d'ailleurs dix à cent fois moins cher que des commutateurs téléphoniques de capacité égale. Mais le terminal moyen est un micro-ordinateur valant quelques milliers de francs, et non pas un poste téléphonique en valant quelques centaines. La complexité et l'intelligence sont exportées aux marges du réseau, ce qui permet de traiter facilement de nouveaux services, comme par exemple la transmission de son et de vidéo, que ce soit pour émuler téléphonie et vidéoconférence, ou pour consulter en temps réel des bases de données multimédias.

La puissance de calcul des micro-ordinateurs double, à prix égal, tous les ans. Elle est maintenant suffisante pour y programmer des systèmes de compression sophistiqués, réduisant considérablement les capacités requises pour transmettre son et images. On incorpore dans ces logiciels des algorithmes d'adaptation au réseau. Pour compenser les délais de transmission variables, on marque dans chaque paquet de données l'instant auquel les signaux correspondants ont été capturés par le micro ou par la caméra. Le récepteur calcule, à partir de ces dates, une statistique des délais de transmission, qui lui permet de dimensionner des « mémoires de resynchronisation » et ensuite de restituer chacun des signaux avec un délai quasi constant. Les paquets sont bien sûr numérotés, ce qui permet aux récepteurs de détecter les pertes. On envoie à l'émetteur, à intervalle régulier, des comptes rendus récapitulant délais et taux d'erreurs constatés. Un taux d'erreur trop élevé est caractéristique d'une situation d'engorgement. L'émetteur y remédie immédiatement en augmentant le taux de compression des signaux. La voix sera peut-être un peu plus métallique, les images un peu moins belles, mais le réseau restera stable. Dès que l'engorgement aura cessé, on pourra revenir à une meilleure qualité. Dans l'intervalle, on ne perdra pas de paquets, et les quelques erreurs résiduelles pourront être aisément compensées en introduisant dans les transmissions un peu de redondance.

La transmission par paquets de l'Internet est beaucoup plus efficace que la transmission téléphonique classique, ne serait-ce qu'à cause de la possibilité de supprimer les silences. Une conversation téléphonique demande deux circuits sur un réseau classique, un par sens de transmission. Bien qu'en règle générale un seul interlocuteur parle à la fois, les deux circuits sont bloqués pour toute la durée de l'appel. Sur l'Internet, on ne transmet pas de paquets pendant les silences, ce qui libère des capacités de transmission pour d'autres utilisateurs. En moyenne, à ressources égales, la qualité sera meilleure, bien que variable. Certains objectent que les utilisateurs supporteront mal un réseau qui ne garantirait pas une qualité constante du son et de l'image. Si de plus en plus d'utilisateurs se mettent à transmettre, les liaisons seront de plus en plus saturées, et il faudra compresser de plus en plus les signaux. C'est d'ailleurs l'argument principal des opérateurs classiques de télécommunication, la raison pour laquelle ils préfèrent leurs systèmes à commutation de circuits. Mais si chaque utilisateur dispose d'une qualité constante, il consomme aussi des ressources constantes. Pour une capacité donnée du réseau, il existe donc un nombre maximum d'utilisateurs acceptables dans le réseau. Quand ce nombre est atteint, les nouvelles demandes sont refusées. C'est ce qui se passe parfois aux heures de pointe dans le réseau téléphonique actuel. « Suite à un encombrement des circuits, votre appel ne peut aboutir. Veuillez rappeler plus tard. »

Quand le réseau téléphonique est plein on ferme les portes, alors que dans l'Internet chacun des utilisateurs se serre un peu pour laisser de la place aux autres. La théorie micro-économique permet de démontrer la supériorité de la deuxième approche, à partir de la loi des rendements décroissants. Quand on double la capacité allouée à chaque utilisateur, la satisfaction augmente, mais elle ne double pas. De même, si on réduit de moitié cette capacité, la satisfaction diminue, mais pas au point d'être divisée par deux. Si dix utilisateurs se serrent un peu pour laisser de la place à un onzième, la qualité perçue par chacun diminuera un peu, mais pas de dix pour cent. La satisfaction totale, ou si on préfère l'utilité totale du réseau, augmentera donc avec le nombre d'utilisateurs présents. Bien sûr, il y a une limite. On peut compresser la voix cinq ou six fois plus que ne le fait le téléphone actuel sans diminuer trop la qualité, c'est d'ailleurs ce qu'on fait pour économiser les fréquences radio avec les téléphones mobiles. On peut la comprimer jusqu'à trente fois si comme les militaires on accepte des sons un peu métalliques. Mais si on essaye de comprimer davantage, on n'entend plus rien. Il faut donc être certain que le nombre d'utilisateurs ne sera jamais trente fois plus important que prévu, ce qui toutefois ne semble pas irréalisable.

L'importance économique de ce résultat est bien sûr considérable. En bref, cela veut dire qu'on peut espérer, via l'Internet, téléphoner quasi gratuitement aux quatre coins du monde. On paierait juste un abonnement pour couvrir les frais d'installation, une quote-part des infrastructures. Les fournisseurs du réseau n'auront pas besoin d'investir des fortunes pour compter les appels et les retranscrire dans les factures des abonnés. Les systèmes de facturation représentent, dit-on, près de la moitié des investissements des opérateurs de télécommunication classiques. En les remplaçant par des forfaits, on diminue de moitié le prix de revient du réseau. On peut donc diviser par deux la facture moyenne, ou bien à prix de revient égal offrir deux fois plus de ressources. Comme ces ressources sont mieux utilisées, le réseau sera de plus en plus attirant. Tôt ou tard, sans doute au début du siècle prochain, l'Internet devrait donc remplacer les réseaux des opérateurs classiques et devenir le réseau de transmission multimédia du futur.

Mais le multimédia ne s'arrêtera pas à la transmission de sons et d'images classiques. Les réseaux évoluent, mais les ordinateurs évoluent aussi, on en voit déjà les premiers signes. Si on met côte à côte un ordinateur portable et un PC classique, avec son gros clavier, sa caisse en ferraille et son tube cathodique, on ne peut pas s'empêcher de penser qu'on observe deux étapes de l'évolution des espèces, le mammifère et le dinosaure. Le portable pèse moins lourd, consomme moins d'électricité, est plus robuste, alors que pourtant, il est aussi puissant. Il ressemble beaucoup plus à un livre, on peut s'en servir sur son fauteuil, dans son lit, à la plage, c'est un objet personnel bien plus civilisé que ces monstres qui vous attachent à un bureau. L'avenir semble lui appartenir. Mais l'évolution ne s'arrêtera probablement pas là. Les portables ont beau être très agréables à utiliser, leur écran est un peu étroit, et ils pèsent encore souvent deux ou trois kilos. Les laboratoires vont sûrement nous proposer quelque chose de mieux, par exemple de remplacer l'écran par ce que mes collègues américains appellent des « goggles », qu'on pourrait traduire par « bigleurs ». Ce sont de petits projecteurs vidéo qu'on s'accroche sur les lunettes. L'image, projetée sur les verres, paraît par un effet d'optique s'afficher devant vous. C'est un peu la même chose que les casques de réalité virtuelle, mais en beaucoup plus léger. C'est en fait le résultat de développements militaires, destinés aux pilotes d'avions de chasse. Lors des phases de combat, leur avion accélère et tournoie. La force de gravité les empêche de tourner la tête, et il a fallu mettre au point ce système pour projeter le tableau de bord de l'avion devant leurs yeux. Ces systèmes sont encore assez onéreux, mais on peut imaginer que leur développement industriel permettra, dans quelques années, de remplacer les écrans, en diminuant ainsi le poids des portables et en améliorant encore leur convivialité.

Toute innovation technique de ce genre s'accompagne de nouveaux programmes, de nouveaux développements. Les bigleurs vont permettre d'afficher deux images, une par œil, et donc de travailler en stéréo. Vous avez peut-être vu le film *Diva*, où une scène montre un appareil qui projette sur la table, devant les convives, un petit fantôme de la cantatrice. La future vidéoconférence permettra exactement cela. Au lieu d'une photographie animée collée à plat sur un écran, vous verrez un fantôme du partenaire, juste devant vos yeux.

Mais le multimédia ne s'arrête pas à la vue et à l'ouïe. Les laboratoires de réalité virtuelle utilisent couramment des « data gloves », des gants équipés de senseurs qui permettent de numériser les mouvements des doigts. Pour améliorer la sensation de réalisme, on dote en général ces gants d'un mécanisme de feed-back, en faisant varier la raideur en fonction de la nature de l'objet dont on simule le contact. Transmettre les signaux ainsi numérisés sur l'Internet n'est pas beaucoup plus difficile que de transmettre des sons ou des images. Et voilà un troisième sens, le toucher, qui s'ajoute à la panoplie du multimédia. Coupler réseau et réalité virtuelle permet d'imaginer toutes sortes de développements fantastiques. L'utilisateur se connecte via le réseau à une bibliothèque virtuelle, il se dirige vers les rayons virtuels dont le fantôme s'affiche devant ses yeux. En tendant la main, il saisit le fantôme d'un livre, le pose sur son bureau, l'ouvre. À chaque étape, le réseau lui envoie davantage d'information, la couleur de la couverture, le contenu de chaque page. Il peut les recopier, les envoyer chez lui.

Deux partenaires se rencontrent dans une conférence virtuelle au début de laquelle ils s'échangent une poignée de main virtuelle. Deux amoureux que les voyages ont momentanément éloignés s'échangent par le réseau des embrassades virtuelles.

On peut d'ailleurs sans doute aller encore plus loin. Au début de février 1995, les responsables des standards de l'Internet reçurent une proposition bizarre. Des professeurs de chimie leur demandaient de codifier la manière de décrire, dans des messages échangés sur le réseau, des molécules chimiques. Au début, je crus à une plaisanterie. Mais non, ils étaient tout à fait sérieux. Ils avaient besoin de décrire leurs molécules de manière très précise, et surtout de manière facile à comprendre par un ordinateur. Simplement les décrire par un texte ne suffisait pas. En fait, nous ont-ils expliqué, on dispose déjà d'équipements qui permettent de reconstruire à la demande et en petite quantité des molécules simples, à partir de leur formule et d'un stock de produits de base, tels que carbone, hydrogène, oxygène, azote, métaux et autres gaz. On pourra un jour envoyer à travers le réseau des odeurs, des parfums. Il ne restera plus qu'à mettre au point un nez électronique et à le coupler à un ordinateur pour que l'illusion de présence soit parfaite. Non seulement on verra son partenaire en trois dimensions, non seulement on pourra lui serrer la main, mais on pourra même savoir s'il a mangé à midi de l'ail ou du camembert, et tout cela par l'Internet.

Heureusement, il reste assez difficile de transférer de manière électronique des aliments. Les quantités de matière première seraient un peu trop importantes. Après avoir communiqué par l'Internet avec de nouveaux amis aux quatre coins du monde, on aura donc toujours une bonne raison de se déplacer. Rien ne remplace un bon repas !

Commercer dans le monde entier

Le commerce électronique n'a pas été inventé sur l'Internet. En France, le Minitel permet depuis déjà longtemps de fournir des services payants sur un réseau télématique. Beaucoup d'analystes attribuent le succès de l'expérience Minitel d'une part à l'engagement de l'administration des télécommunications, qui n'a pas hésité à faire fabriquer et distribuer des millions de terminaux gratuits, et d'autre part au service de « kiosque ». L'utilisateur du Minitel se connecte à un point d'accès mis en place par l'administration, à un kiosque, et c'est ce point d'accès qui appelle les services. Le kiosque mesure la durée d'utilisation du service, multiplie par un coût horaire et ajoute une somme correspondante à la facture téléphonique de l'abonné. Une fraction de cette somme est versée automatiquement au serveur, qui sera donc payé sans avoir à facturer individuellement ses clients, sans avoir donc à dépenser deux ou trois francs de facture après avoir vendu un ou deux francs une page d'information. Mais ce système n'a pu fonctionner que parce que l'administration avait le monopole du téléphone, et qu'on pouvait donc accumuler les décomptes sur une facture unique. S'il y avait concurrence entre plusieurs fournisseurs de téléphone, il faudrait que chaque serveur télématique passe un contrat avec chaque fournisseur, en tenant compte de différences de tarifs, d'horaires, de types de facturation. D'ailleurs, le système du Minitel n'a jamais pu être exporté, et les services télématiques offerts sur ce réseau ne peuvent pratiquement pas être fournis à des clients étrangers.

Aux États-Unis et dans d'autres pays, les sociétés de « services en ligne » fournissent des accès à leur serveurs, et peuvent y vendre options, documents et programmes. Le mode de fonctionnement est finalement assez voisin du kiosque Minitel, puisque les achats des clients sont comptabilisés dans leur facture mensuelle du service en ligne, tandis que les éditeurs d'informations perçoivent directement leurs recettes du prestataire de service. Mais, là encore, les éditeurs doivent passer contrat avec chacune des sociétés de services en ligne à travers lesquelles ils veulent vendre leurs pages. L'ouverture et la liberté de l'Internet ne permettent de reproduire ni le kiosque Minitel ni la facturation unique des services en ligne. Certains en ont déduit hâtivement qu'on ne pourrait donc pas y développer de commerce, comme s'il était impossible d'inventer d'autres modèles que ceux qui réussirent pendant la préhistoire de l'informatique. C'est évidemment absurde. L'Internet a été un outil fantastique pour le développement de la science, en ouvrant aux chercheurs une fenêtre sur le monde entier. Il n'y a aucune raison qu'on n'observe pas un effet similaire pour le commerce et l'industrie.

Les premières utilisations commerciales du réseau ont été assez simples. Les entreprises s'en sont d'abord servi pour communiquer, utilisant l'e-mail pour s'échanger des plans et des images, négocier des contrats, organiser le suivi de projets communs, exactement de la même manière que les chercheurs s'échangeaient articles et données. Cela justifie d'ailleurs dans bien des cas la connexion d'une entreprise à l'Internet, car l'e-mail est bien plus puissant et bien moins onéreux que le téléphone ou le fax. L'arrivée des outils conviviaux de présentation de données, comme gopher et surtout le web, ont ouvert d'autres horizons. Les entreprises se sont rendu compte qu'elles pouvaient, comme les centres de recherche, mettre en place des serveurs et diffuser des informations au monde entier. Beaucoup ont donc commencé à publier ainsi la description de leurs activités, le catalogue de leurs produits, leurs offres d'emploi, afin de faire connaître au monde entier leurs services, leur savoir-faire. Il n'y avait pas commercialisation au sens strict, puisque ces informations étaient fournies à titre gratuit. C'était en quelque sorte l'équivalent cybernétique d'une brochure publicitaire, en nettement moins polluant. Les pages du web sont affichées sur des écrans d'ordinateur et non pas imprimées sur du papier, on peut dire qu'elles sont « fabriquées avec des électrons recyclés » et qu'elles ne provoquent pas d'abattage d'arbres ou de pollution des rivières. Il n'y a pas non plus de bourrage des boîtes aux lettres avec ces prospectus, car seuls les lisent ceux qui décident librement de se connecter au serveur de la société. On a d'ailleurs vu certaines de ces sociétés commencer à enrichir leur serveur, offrant à côté de leur catalogue des pages d'informations ou de jeux, un peu comme les caravanes du tour de France offrent casquettes et ballons pour faire accepter prospectus et publicité.

Cette publication de catalogues, d'information sur les sociétés, est déjà très utile en elle-même mais très vite, on se dit qu'on pourrait faire encore mieux, pratiquer par exemple l'équivalent de la vente par correspondance à l'échelon planétaire. Grâce au réseau, le client a le catalogue sous les yeux. Il suffit qu'il clique sur l'image d'un produit pour le commander. La transaction est immédiatement enregistrée par l'ordinateur de la société, qui note les coordonnées du client et déclenche la livraison. Bien sûr, le système fonctionne d'autant mieux que les produits sont plus faciles à transporter. On aura plutôt tendance à commander un bouquet de fleurs dans sa propre ville que sur un autre continent ; il sera plus facile de se faire livrer un petit ordinateur portable qu'une grosse machine de bureau. Une chaîne américaine de marchands de pizza à déjà mis en œuvre ce principe. Le client choisit par l'Internet nombre de portions, cuisson et garniture en se connectant au serveur de la chaîne, la commande est répercutée automatiquement par cet ordinateur au fournil le plus proche de son domicile, et quelques minutes après un livreur apporte la pizza et encaisse la facture. On a là réglé élégamment les problèmes de transport et de paiement, mais seulement parce qu'il ne s'agit au bout du compte que d'un commerce de proximité, parce qu'une personne va se déplacer et que au pire, en cas de litige, on n'aura gaspillé qu'une pizza.

On ne saurait limiter le commerce sur l'Internet aux entreprises capables d'envoyer un livreur chez le client. Dans la plupart des commerces, on veut un peu plus de sécurité qu'un simple message ou qu'un simple appel téléphonique avant de commencer à livrer. On veut en particulier être sûr d'être payé. L'allié naturel du paiement par l'Internet est bien sûr la carte de crédit internationale. Il est déjà courant de s'en servir pour réserver des hôtels, pour s'abonner à des revues, pour acheter des articles sur catalogue. On remplit un bon de commande, on y met son nom, son adresse, la date de la réservation, la durée de l'abonnement ou le nom de l'article désiré, et son numéro de carte. À partir du nom du client, du numéro de sa carte et de sa date de validité on peut fabriquer une facturette. La plupart des grands hôtels, des journaux, des sociétés de vente par correspondance ont des accords avec les grandes sociétés de paiement comme Visa, American Express, Mastercards ou Diners, pour pouvoir encaisser les sommes dûes même si ladite facturette n'est pas signée. Le client qui donne ainsi son numéro au téléphone, dans une lettre ou dans un fax prend un risque. Si l'hôtelier, l'éditeur ou le vendeur étaient malhonnêtes, ils pourraient facilement établir une fausse facture. Mais les gens sont prêts à prendre des risques si cela leur simplifie la vie, et d'ailleurs le risque n'est pas si considérable car les sociétés de paiement peuvent toujours, après plus ou moins d'enquêtes et de discussions, annuler un débit.

Rien n'empêche de transmettre son numéro de carte de crédit par l'Internet, par exemple dans un e-mail, ou bien en remplissant un formulaire intégré au catalogue du vendeur sur le web. Mais le risque est malheureusement, à l'heure actuelle, un peu plus élevé que si on utilisait courrier, fax ou téléphone. Comme nous l'avons vu, l'Internet n'est pas tout-à-fait sûr. Il y a toujours un risque qu'un pirate électronique écoute une ligne du réseau, collecte sur une disquette les numéros de cartes de crédit transmis « en clair » dans les messages et revende la disquette à une organisation criminelle qui pourra tirer de cette liste presqu'autant de bénéfice que si elle avait reçu des cartes volées. Les sociétés de paiement sont bien sûr déjà prêtes à accepter une part de risque mais elles devraient augmenter sérieusement leurs tarifs si elles étaient confrontées à un banditisme électronique systématique. Il est pourtant facile de se protéger. La plupart des pays, sauf bien sûr l'Irak, la Russie et la France, autorisent les utilisateurs à chiffrer leurs échanges, et on peut penser que l'interdiction actuelle ne durera plus très longtemps en France. Si la connexion est chiffrée, les pirates ne pourront plus aller à la pêche aux numéros de cartes. Il ne sera alors pas plus dangereux d'envoyer sa carte de crédit par l'Internet que par le téléphone.

Ceci ne veut bien sûr pas dire que tout risque aura disparu. La vente par correspondance ne va pas sans litiges. Le vendeur veut être sûr d'être payé avant de livrer sa marchandise, et doit donc encaisser la facture avant l'envoi. L'acheteur, de son côté, souhaitera être remboursé si la livraison n'arrive pas, ou si elle ne correspond pas à son attente. Il faudra être prêt à gérer des litiges, il faudra obtenir des assurances. Le commerce repose sur la confiance, qui se construit normalement par des contacts et des relations suivies. L'idée même de commercer par un réseau mondial implique que vendeurs et clients seront éloignés, qu'un Californien pourra choisir des vins en Bourgogne, un Japonais acheter des antiquités à Versailles, un Australien faire développer des logiciels en Bretagne. Avant qu'à l'usage des relations s'établissent, les premiers contacts seront très impersonnels. Mais il ne faut pas être pessimiste. Il y aura probablement des flottements initiaux, puis on verra se développer sur l'Internet des annuaires et des index, des guides d'achats et des revues de consommateurs. La technique progressant, les catalogues de produits seront d'ailleurs de plus en plus démonstratifs, riches en informations. J'ai déjà vu des marchands de bateaux proposer sur le réseau non seulement le plan et les caractéristiques de chacun des yachts qu'ils avaient à vendre, mais aussi de petites vidéos montrant leur comportement en mer. On peut imaginer qu'un hôtelier utilisera les techniques de la réalité virtuelle pour faire visiter à distance son établissement, pour que le client puisse choisir la chambre qu'il réservera après avoir regardé par une copie virtuelle de la fenêtre le paysage et écouté à distance les bruits de l'environnement.

Certains de mes collègues sont moins confiants en la nature humaine. Ils pensent qu'on ne peut faire vraiment de commerce qu'en signant des contrats et qu'il faut pour cela fabriquer sur le réseau l'équivalent informatique des signatures officielles et des notaires, ce qu'on appelle des signatures électroniques et des systèmes de certification. On utilise pour cela un algorithme de chiffrement à doubles clefs comme RSA où chaque utilisateur a une clef publique et une clef privée. Chacun peut connaître ma clef publique et chiffrer avec celle-ci un message que moi seul pourrai déchiffrer avec ma clef secrète. Mais je peux aussi chiffrer un message avec ma clef secrète, que tous pourront déchiffrer avec ma clef publique. En faisant cela, je ne protège pas du tout la donnée chiffrée mais je la « signe ». Puisque moi seul possède ma clef secrète, moi seul ai pu chiffrer le message, et donc moi seul ai pu l'écrire. En fait, dans les utilisations classiques, on ne chiffre pas le message lui-même. On le transmet en clair, puis on calcule une sorte de « preuve par neuf » sophistiquée, qui tient sur seulement cent-vingt-huit bits. Pour signer, on chiffre cette preuve par neuf avec sa clef secrète. Tout récepteur en possession du message peut recalculer la preuve et la comparer à la signature déchiffrée avec la clef publique de l'auteur présumé. Si les deux valeurs sont égales, on est en théorie sûr d'avoir identifié l'auteur, puisque sinon la clef n'aurait pas fonctionné. On est sûr aussi que le message n'a pas du tout été modifié, parce que sinon la preuve aurait été différente. Une signature de ce type est quasiment impossible à imiter et pourrait donc remplacer les signatures manuscrites dans les équivalents électroniques des chèques et des contrats.

Il y a toutefois un petit problème. Pour vérifier ma signature, vous avez besoin de chercher dans un annuaire ma clef publique. Mais rien ne vous prouve que l'annuaire ne ment pas. Supposons qu'un pirate des réseaux particulièrement rusé veuille contrefaire un chèque électronique. Il va d'abord prendre contrôle de l'annuaire, et y remplacer la valeur de ma clef par une des siennes. Il va ensuite vous présenter un chèque prétendument signé par moi, mais en fait avec la clef secrète correspondant à la clef publique qu'il vient de placer dans l'annuaire. Si vous vous contentez de chercher ma clef dans l'annuaire sans autre vérification, vous allez naïvement tomber dans son piège, croire que vous pouvez encaisser le chèque et lui verser la contrepartie, qu'il fera bien vite disparaître avant que vous ayez eu le temps d'y regarder de plus près. Les spécialistes de la sécurité ont naturellement présenté une réponse, qu'ils appellent un certificat, en fait un message signé par une « autorité » certifiant que « la clef de Monsieur Untel vaut 1234567 ». L'autorité est en quelque sorte une genre de notaire électronique. Si vous lui faite confiance, si vous connaissez sa clef de manière sûre, alors vous pouvez aussi faire confiance à la clef de « Monsieur Untel ». Si vous ne connaissez pas la clef de cette autorité, il faudra essayer d'en trouver un certificat, remontant ainsi de proche en proche, de certificat en certificat, jusqu'à un point connu. On peut facilement imaginer de développer avec cette technique une banque électronique. Vous vous présenterez avec votre clef au guichet où on vous émettra un certificat que tous les autres guichets, et donc en pratique tous les autres clients de la banque, pourront vérifier. Plus de papiers, plus de facturettes, tout se passera par électronique. Votre certificat tiendra lieu de carte de crédit. Certains y travaillent déjà, par exemple la société Cybercash qu'ont fondée en 1994 des pionniers de l'Internet et des spécialistes de la cryptographie.

Mais ces technologies sont malheureusement difficiles à mettre en œuvre. Il faut déployer tout un réseau de guichets et utiliser des techniques de cryptographie complexes, difficiles à exporter et demandant aussi des calculs considérables pour lesquels les petits ordinateurs s'avèrent encore très lents. En attendant l'arrivée de ces super-banques électroniques, on peut imaginer des solutions plus simples.

Le commerce sur l'Internet n'a pas commencé avec les pizzas, mais bien plus logiquement avec des logiciels. Et ce commerce a commencé sans aucune autre forme de sécurité que la confiance. On trouve sur le réseau de nombreux logiciels gratuits, ce qu'on appelle en anglais des « freeware » et en français moderne des « graticiels ». Ils ont en général été développés par des chercheurs ou des étudiants, pour démontrer une idée ou à titre de travail de fin d'études, voire par des ingénieurs qui voulaient simplement rendre service. Mais on trouve aussi des logiciels qui ne sont que semi-gratuits. On les appelle « shareware » ou « partagiciels ». Chacun peut les trouver sur le réseau, les recopier, les passer à des amis. Mais la notice d'utilisation fournit l'adresse de l'auteur et signale que pour obtenir une licence d'utilisation et la dernière version il faut lui envoyer un chèque. Les sommes en jeu ne sont en général pas très élevées, dix, vingt, parfois peut-être cent dollars. C'est rustique, peut-être naïf, mais ça marche. Un des jeux vidéo les plus célèbres, Doom, a été distribué de cette façon et ses auteurs sont déjà devenus millionnaires. Bien sûr on peut penser que ça ne peut marcher qu'en Amérique, dans un pays où on achète son journal en le prenant dans la rue sur le présentoir et en mettant ving-cinq ou cinquante cents dans la boîte voisine, alors que le tempérament roublard et tricheur des peuplades latines fera que chez nous personne ne paiera jamais rien. En fait, il y a quand même quelques protections, en particulier toutes les lois protégeant les copies de logiciels. On peut aussi, et beaucoup d'auteurs le font, ne diffuser librement qu'une ancienne version du logiciel, comportant encore peut-être quelques erreurs, et ne fournir la version définitive qu'à ceux qui ont effectivement payé leur copie.

L'expérience des partagiciels a fortement inspiré les fondateurs de la First Virtual Holdings, une compagnie dont le but express est de faciliter le commerce de documents électroniques. Les responsables techniques de cette société sont des experts de l'Internet qui ont toujours regardé d'un œil dubitatif l'utilisation de technologies aussi complexes que les signatures électroniques. Le niveau actuel de la sécurité dans l'Internet est à leur avis la preuve de la difficulté à déployer des produits faisant appel à la cryptographie. Les exportations sont contrôlées un peu partout, l'utilisation est interdite dans certains pays dont la France, les algorithmes principaux sont brevetés. Ils ont suggéré d'utiliser un système beaucoup plus simple, basé uniquement sur des mots de passe. L'utilisateur contacte First Virtual par l'Internet, donne ses coordonnées, son adresse Internet, choisit un nom de code. First Virtual vérifie son adresse de messagerie en lui envoyant un e-mail et en lui donnant un numéro de téléphone et un code d'appel. Muni de ce code, il téléphone au standard de la compagnie pour passer le numéro de sa carte de crédit, qui ne sera donc jamais transmis en retour sur l'Internet et ne pourra pas être piraté. First Virtual vérifie que la carte est valide et envoie en retour un mot de passe.

Une société qui vend des produits sur l'Internet n'aura pas à demander la carte de crédit du client, le nom de code et le mot de passe en tiendront lieu. First Virtual a un serveur en ligne sur l'Internet, qui permet aux vendeurs de vérifier instantanément les codes et mots de passe, ce qui donne à peu près la même sécurité qu'un appel à un serveur de carte de crédits pour vérifier qu'une carte n'est pas déclarée volée. Si le code est valable, le vendeur va laisser le client prendre une copie électronique du document. Il va ensuite envoyer par l'Internet une facture électronique à First Virtual, donnant le code du client et le montant facturé. Mais le montant ne va pas être immédiatement versé au vendeur. First Virtual va d'abord envoyer au client un relevé, listant tous ses achats et demandant pour chacun un accord pour payer. Ceci permet d'éviter les fraudes, ou du moins d'éviter que le client en souffre. Supposons qu'un pirate réussisse à écouter mon code et mon mot de passe, et s'en serve pour acheter des données sur l'Internet. Je vais trouver sur mon relevé des achats que je n'ai jamais effectué, mais je ne serai pas forcé de les payer. Je vais donc signaler la fraude, et First Virtual va immédiatement changer mon mot de passe et rendre mon ancien compte invalide. Le vol s'arrètera là. Bien sûr, le bandit aura pu acquérir quelques données, mais il s'agit après tout de biens immatériels. Le vendeur n'aura pas plus souffert que si un acheteur légitime avait revendu sa propre copie. Les coûts en jeu étant faibles, le risque est acceptable. D'ailleurs, si le vendeur estime que la perte serait trop grande, il peut aussi bien attendre la confirmation du paiement avant de laisser son client prendre livraison, supprimant ainsi tout risque.

Mais First Virtual a une autre raison pour demander l'accord explicite avant paiement. Dans le système des partagiciels, l'acheteur ne paye qu'après avoir essayé, ce qui réduit beaucoup les risques de litiges. Si l'essai n'est pas concluant, il suffit de détruire sa copie pour ne pas léser le vendeur. Ce type d'essai est également très utile dans le commerce d'informations en général. Supposez que je décide de créer un serveur pour vous vendre mes recettes de cuisine préférées. Vous ne me connaissez pas mais vous êtes curieux et voulez essayer. Vous vous connectez à mon serveur web, donnez votre mot de passe, et je vous transmets pour 10 francs ma recette authentique des nouilles sauce blanche. Vous vous précipitez dans votre cuisine, suivez la préparation, la servez à votre épouse ou époux qui la trouve infecte et vous agonit d'insultes. Quand le lendemain ma facture arrive dans votre boîte au lettre, il y a peu de chance que vous vouliez me payer. Si je programmais aussi mal, vous n'achèteriez sûrement pas mes partagiciels. First Virtual prévoit donc trois réponses aux demandes de paiement, soit « oui, je veux bien payer », soit « on m'a volé mon mot de passe », soit « non, je ne veux pas payer ». Si vous dites non, votre carte de crédit ne sera pas débitée, et on ne vous posera aucune question. Cependant, il est évident que des petits malins, pétris de culture latine, pourraient vouloir abuser du système, toujours répondre non et se procurer ainsi des données sans jamais payer. First Virtual maintient donc des statistiques. Il est normal qu'un utilisateur refuse de temps en temps un paiement, mais s'il refuse beaucoup plus souvent que la moyenne First Virtual pourra fermer son compte. On peut d'ailleurs tempérer ces statistiques par la qualité du vendeur, et ne pas pénaliser un client pour avoir refusé de payer un vendeur que presque tout le monde conteste. Nous avons encore beaucoup à apprendre avant de maîtriser le commerce des biens immatériels.

Le fondateur de Digicash, David Chaum, est parti d'un tout autre raisonnement que celui de First Virtual. Cet expert en cryptographie du CWI, le centre de recherche en mathématiques et en informatique des Pays-Bas à Amsterdam est aussi un militant des droits de l'homme effrayé par le contrôle social extrême que permet l'informatisation du commerce. Chaque fois que vous payez avec une carte de crédit, ou d'ailleurs avec un mot de passe de First Virtual, vous laissez dans des fichiers une empreinte électronique que la police pourra ensuite aller chercher pour vérifier vos faits et gestes. Même des outils aussi innocents d'aspect que les cartes téléphoniques à puce sont suspects. L'utilisateur les achète comme ses grand-parents auraient acheté une pile de jetons. Il ne donne jamais son nom, et pense donc pouvoir les utiliser de manière anonyme. Pourtant, chaque carte est numérotée. Les ordinateurs de l'administration des télécommunications peuvent mettre en mémoire tous les numéros de téléphone appelés par une carte donnée, toutes les cabines d'où ces appels ont été passés. On peut facilement déduire l'identité de l'utilisateur des numéros les plus fréquemment appelés, son bureau, sa famille, et tracer ensuite ses faits et gestes presqu'aussi aisément que s'il avait payé avec une carte de crédit. David Chaum et ses collègues d'Amsterdam ont donc mis au point une monnaie électronique aussi anonyme que les billets et les pièces de monnaie. Pour tester leur système, ils ont « imprimé » un million de « cyberbucks », une monnaie de test sans valeur réelle, un peu comme des billets de Monopoly. Je me suis abonné à leur expérience en février dernier, et j'ai reçu comme déjà deux mille autres utilisateurs une avance de cent cyberbucks.

L'impression des cyberbucks est fondée sur des mathématiques très sophistiquées. On retire de son compte en banque des suites de nombres, dont chacun est l'équivalent d'un billet de banque. Pour payer, l'acheteur donne un de ces nombres au vendeur, qui pourra le remettre à la banque et faire créditer son compte. Ces nombres ne sont bien sûr pas tirés au hasard. Ils contiennent la signature électronique de l'émetteur, exactement comme nos billets de banque comportent la signature du caissier, du contrôleur et du secrétaire général de la Banque de France. On peut donc instantanément distinguer les vrais cyberbucks des faux. Mais les cyberbucks sont aussi protégés contre les copies. La première protection réside bien sûr dans la mémoire de la banque. Chaque nombre ne sert en principe qu'une fois. Un utilisateur pourrait tricher et recopier plusieurs fois le même nombre dans la mémoire de son ordinateur, ce qui est bien plus facile que de photocopier un billet de banque. Mais la banque verra plusieurs vendeurs lui présenter la copie du même nombre et détectera donc que quelqu'un triche. De plus, elle sera rapidement en mesure de deviner le nom du fraudeur. Chaque nombre contient, bien cachée, l'identification du client auquel il a été remis. Lors du paiement, le client ne donne pas au vendeur le nombre complet, mais seulement certains de ses chiffres, ce qui offre à la banque suffisamment d'information pour vérifier que le billet est correct mais pas assez pour retrouver l'identité du client. C'est ce qui garantit l'anonymat des transactions. Mais si le client triche, s'il se sert plusieurs fois du même nombre, il va en publier de plus en plus de chiffres. Très vite, la banque aura assez de chiffres en main pour reconstituer le nombre complet. Le tricheur sera découvert.

L'argent électronique inventé par David Chaum est à la fois sûr et anonyme. On peut connaître le montant des comptes individuels de chaque vendeur et de chaque acheteur, mais ni les vendeurs ni la police ne peuvent connaître l'identité des acheteurs. Big Brother est tenu en échec. Pour passer de l'expérience actuelle à une opération « pour de vrai », il suffirait de gager les cyberbucks sur une valeur réelle, par exemple de garantir que tout cyberbuck peut être échangé contre un dollar, ou mieux encore contre un gramme d'or fin. Et d'ailleurs, il n'est peut-être même pas nécessaire d'en arriver là. On peut déjà, dans l'expérience actuelle, acheter des logiciels, des photos, des tee-shirts. La monnaie, après tout, n'est qu'une convention, et tant que la banque du système ne fait pas fonctionner la planche à billet, il n'y a aucune raison que la valeur des nombres ne reste pas stable. On pourrait tout aussi bien imaginer que l'expérience marche en circuit fermé, à l'image de ce réseau d'entraide que me décrivait un collègue québécois. À Montréal, un groupe d'émigrés libanais et égyptiens avait mis en place un ingénieux système de points. Le médecin vous soignait et vous lui donniez cent points, qu'il pouvait échanger contre des légumes ou de la viande chez d'autres membres du groupe. Beaucoup de professions étaient représentées, des architectes, des garagistes, et le système fonctionnait depuis cinq ans à la satisfaction générale comme un genre de troc, quand le fisc canadien s'en est aperçu et s'est ému de ne percevoir ni taxes locales, ni impôts sur le revenu, ni cotisations de sécurité sociale. Les cyberbucks ont le même potentiel, comme d'ailleurs tous les paiements en liquide. Mais il est difficile de transmettre des billets d'un bout à l'autre de la planète, alors qu'il est très facile de copier des nombres à travers l'Internet.

Le commerce sur l'Internet en est encore à ses débuts, mais le développement est très rapide. Il ne ressemblera ni au kiosque Minitel du monopole ni au foirail électronique des services en ligne. On séparera clairement le prix de la transmission qui sera payé au fournisseur de service Internet et le prix de l'information qui sera versé à l'éditeur, sans doute par l'intermédiaire de banquiers électroniques. Les candidats à ce rôle de banquier se multiplient, même si tous ne font pas autant de bruit que Bill Gates et Microsoft. Je ne sais pas encore quelle banque et quelle forme de paiement l'emportera, la monnaie électronique de Digicash, les mots de passe de First Virtual, les cartes de crédit conventionnelles ou leurs substituts électroniques mais je suis certain que plusieurs d'entre eux réussiront. L'Internet offrira au client plus de choix que les rayons les mieux achalandés de nos supermarchés. Nous ne serons pas tenus de limiter nos emplettes aux seuls fournisseurs locaux, nous pourrons aussi bien acheter de l'information en Russie, des logiciels en Inde, des recettes de cuisine en Turquie, ce qui aura sans doute pour effet de libérer de par le monde les meilleures énergies, d'accélérer les échanges et la croissance de l'économie mondiale.

Libres et responsables

En 1988, lorsque nous installions en France les premières connexions directes au réseau de la NSF, personne n'aurait eu l'idée de faire du commerce sur l'Internet. C'était pour nous un outil puissant et coûteux, financé par l'argent public, similaire en nature aux autres gros équipements que la communauté nationale met à la disposition des chercheurs, quelque chose à mettre dans la même catégorie que les super-calculateurs ou les accélérateurs de particules. Il convenait de l'utiliser au mieux, de le partager équitablement entre centres de recherche et universités, pour faire progresser la science et pour diffuser les connaissances. Il allait de soi que des installations financées par l'argent des impôts ne sauraient servir à enrichir des personnes ou des sociétés privées. L'utilisation du réseau pour autre chose que le travail, par exemple pour s'échanger des messages personnels, n'était que tolérée, un peu comme certaines entreprises tolèrent une utilisation limitée de leurs téléphones ou de leurs photocopieurs pour les besoins personnels de leurs employés.

Tout cela a bien changé. Nous n'avons bien sûr pas jeté tout d'un coup tout sens moral par dessus bord, et décidé de laisser quelques petits malins faire fortune sur le dos des contribuables. C'est en fait le financement du réseau qui depuis 1988 a évolué. Alors qu'à l'époque presque tous les utilisateurs étaient publics, une majorité est maintenant privée. Sociétés privées et utilisateurs individuels payent des abonnements à leur fournisseurs de service réseau Internet et il est tout à fait légitime qu'ils utilisent comme bon leur semble les infrastructures qu'ils ont contribué à financer.

Les « vieux utilisateurs » de l'Internet s'émeuvent parfois de ce mouvement vers la commercialisation. Passe encore qu'on doive payer pour sa connexion au réseau. Celle-ci n'a de toute façon jamais été gratuite. Il fallait aux heures héroïques que chaque organisation participante contribue à l'édifice en finançant ses liaisons et sa quote part des interconnexions. L'arrivée de fournisseurs commerciaux ne change rien à l'affaire, et se traduirait plutôt, grâce à la compétition et à une meilleure efficacité d'ensemble, par une baisse des prix de revient. Ce que les pionniers de l'Internet craignent davantage, c'est la disparition du monde qu'ils avaient connu, où toutes les informations s'échangeaient gratuitement pour le plus grand bien de la communauté. Je ne pense pas que ces craintes soient fondées, ni que ces serveurs gratuits risquent de disparaître.

Analysons quelques-uns de ces services gratuits. Beaucoup sont mis en place par des universités ou des centres de recherche, pour faire connaître les résultats de leurs travaux. Il n'y a aucune raison pour que ceux-là se convertissent tout d'un coup au capitalisme sauvage. Les universités, dans nos sociétés, ne sont pas seulement des usines à instruire. Elles jouent aussi le rôle de conservatoire des sciences que tenaient, à une autre époque, les monastères ou les écoles des druides. À ce titre, elles ont une mission quasi sacrée de maintenir et de propager le savoir, mission à laquelle la diffusion de documents sur l'Internet participe directement. Parmi les autres serveurs gratuits, on trouve aussi des services publics ou quasi publics. Prenons l'exemple de l'INRIA, où je travaille. Une des missions de l'Institut est de maintenir une bibliothèque de référence sur la science informatique et d'en garantir l'accès aux chercheurs et aux industriels. La publication électronique, par l'Internet, est un prolongement naturel de cette mission. Nous n'avons pas plus de raison de faire payer l'accès à nos serveurs que de vendre des tickets d'accès à nos rayonnages. Il y a de par le monde de nombreuses bibliothèques tout aussi gratuites, dont certaines sont devenues très célèbres comme celle du Vatican ou celle du congrès des États-Unis. Il n'y a aucune raison particulière de craindre que ces bibliothèques deviennent du jour au lendemain payantes. On trouve enfin sur l'Internet une troisième sorte de serveurs gratuits, ceux mis en place par des sociétés commerciales afin d'assurer leur promotion. On voit ainsi IBM décrire ses offres de services, ou bien les Rolling Stones vanter leurs concerts et en offrir des bouts d'essais pour allécher le chaland. Là encore, on ne voit pas bien le raisonnement qui pousserait à rendre payant ce service.

Les utilisations classiques de l'Internet vont donc sans aucun doute continuer à prospérer à côté des utilisations commerciales. Rien n'empêchera les membres de la communauté de continuer à se parler dans les groupes de discussions et les listes de distribution, et rien ne les obligera à aller acheter des pizzas s'il n'ont pas faim ou des logiciels s'ils n'en ont pas besoin. Mais l'arrivée d'utilisateurs commerciaux, comme d'ailleurs l'afflux constant d'utilisateurs novices, engendre une autre crainte, celle que disparaisse l'éthique du réseau.

Il est difficile de trouver un document de référence définissant cette éthique, puisque le réseau n'a pas de maître, pas d'autorité centrale qui pourrait établir un code auquel le monde entier devrait obéir. On trouve pourtant plusieurs guides à l'usage des débutants, écrits soit par des autorités régionales, soit par des pionniers assez audacieux pour penser que leur avis importe. Ces guides se réfèrent en général davantage au groupes de discussions des news qu'à l'Internet en général. Il s'agit d'abord de rendre évidentes quelques règles de bon sens. Pouvoir envoyer par les news des messages à des milliers de personnes, peut-être à des millions constitue un privilège dont il ne faut pas abuser. Le bien commun impose qu'on tourne sept fois sa langue dans sa bouche avant de prendre la parole, ou plutôt sept fois sa main autour du clavier avant de taper un message. Il faut éviter de reposer des questions trop évidentes quand lire la documentation suffirait. Il ne faut pas se précipiter pour répondre quand on sait que des centaines d'intervenants pourraient tout aussi bien le faire. En bref, il faut respecter ses partenaires du réseau, ne pas les surcharger de messages inutiles, n'intervenir que quand on apporte vraiment une information intéressante à la communauté. Et il faut aussi s'abstenir d'envoyer à un groupe des messages hors-sujet, en particulier des messages de publicité plus ou moins bien déguisés.

Les internautes n'ont pas plus de goût que les téléspectateurs pour les coupures publicitaires, d'autant plus que, à la différence des téléspectateurs, ce sont eux qui payent l'acheminement des données qu'ils reçoivent. Une chose est de placer sur le réseau des informations sur vos produits, des catalogues de vente. Cela ne dérange personne, car seuls ceux qui sont effectivement intéressés accéderont à votre serveur. Mais même les plus libéraux d'entre nous deviennent nerveux à l'idée que nos boîtes aux lettres électroniques pourraient se remplir de publicité au même rythme que les boîtes aux lettres ordinaires, à l'idée que des petits malins pourraient reproduire sur l'Internet les campagnes de publicité par téléphone ou par fax qu'ont pu inventer les modernes mercaticiens. Tous sont d'accord pour refuser l'invasion de la publicité, et pour la combattre si jamais elle survient.

Les sages de la Grèce antique avaient souhaité que soit ignoré à jamais le nom d'Erostrate qui incendia le temple d'Artémis à Ephèse. Ils n'ont pas été complètement entendus et je ne pense pas que nous arriverions davantage à effacer des mémoires les noms de Canter et Siegel, deux avocats qui recherchèrent une publicité similaire en violant à deux reprises le code de bonne conduite de l'Internet. À vrai dire, on peut penser que leur première tentative ne résultait que de l'alliance de la cupidité et de la maladresse. Voulant développer leur cabinet, ils imaginèrent de poster au monde entier un message proposant leurs conseils pour l'obtention de visas et de permis de séjour aux États-Unis. Pour être certains de toucher le plus grand public possible, il postèrent leur message dans toutes les rubriques des news qu'ils purent identifier, depuis les discussions du protocole TCP-IP jusqu'aux dialogues entre gourmets, en passant par les amateurs de photos d'art ou de sports collectifs. De plus, leur postage était si mal fait que le lecteur de vingt groupes différents le trouvait vingt fois, alors même qu'il l'avait déjà lu et relu. Inutile de dire qu'un grand nombre d'internautes, rendus furieux par cette agression publicitaire intempestive, réagirent violemment. Nos incendiaires virtuels reçurent tellement d'e-mail de protestation que non seulement leur boîte au lettre fut saturée, mais aussi le réseau de leur fournisseur de service Internet qui très rapidement supprima leur abonnement. Ils durent d'ailleurs très vite changer également de numéro de téléphone et de fax, car là aussi les appels de protestations se succédaient sans discontinuer. Mais ils ne renoncèrent pas pour autant à cultiver leur gloire malsaine, ruminèrent leur « vengeance » et publièrent peu après un guide expliquant comment diffuser de la publicité sur l'Internet sans risquer de représailles. Il mirent leurs conseils en pratique dans une nouvelle tentative, en janvier 1995. Ils avaient pris soin cette fois d'ouvrir un compte temporaire pour perpétrer leur méfait, de ne pas donner leur numéro de fax ou de téléphone. Mais ce deuxième incendie ne se propagea pas aussi violemment que le précédent. De nombreux opérateurs avaient dotés leur serveurs de news de « détecteurs de spamming » qui pouvaient observer qu'un message était posté anormalement souvent et non seulement en bloquer la diffusion mais aussi en provoquer la destruction automatique là ou il avait déjà été transmis. Certains trous subsistaient encore et quelques copies passèrent par ces failles, mais on peut penser que les défenses du réseau vont aller en s'améliorant, et que s'il y a une troisième tentative elle sera cette fois étouffée dans l'œuf.

L'aventure de Canter et Siegel devrait servir d'avertissement aux publicistes novices. Non seulement les internautes n'apprécient pas, mais beaucoup contre-attaquent. Le réseau étant symétrique, il est très facile et très tentant de dire son fait à l'envoyeur du message. Si des milliers le font, sa boîte au lettres sera saturée, son disque dur sera plein, il ne pourra plus se servir de sa prise Internet. Pour obtenir plus sûrement ce résultat, certains vont même jusqu'à répondre par d'énormes messages, en y incluant le contenu entier de bases de données. Et voilà un million d'octets en route, l'équivalent d'un millier de messages pour bombarder l'infâme. Inutile de dire que la sagesse collective réprouve ce comportement. Les bombardements ne gênent pas que le coupable initial. Ils saturent aussi toutes les liaisons de son voisinage, gênant durablement des centaines d'utilisateurs innocents. On condamne bien sûr tout autant les autres vengeances employées contre Canter et Siegel, qu'il s'agisse de saturer une ligne téléphonique avec des appels furibonds, de consommer tout le papier de leur fax en y imprimant des messages bien sentis ou de remplir leur boîte aux lettres « papiers » de lettres d'insultes et de colis abjects. Mais on ne peut pas espérer, quand on agresse des millions de personnes, que toutes seront calmes et philosophes et se contenteront de suivre la procédure recommendée, qui est de faire connaître le comportement aberrant au responsable du site d'où est parti le message ou à son fournisseur de service Internet. En fait, la vraie punition est dans l'acte lui-même. La société qui se lance dans une campagne publicitaire de ce type, au lieu de gagner des clients, se les aliène.

Les recommandations classiques de comportement n'imposent finalement que très peu de règles, hormis le souci de respecter les autres et cette phobie des agressions publicitaires. Elles en imposent d'ailleurs si peu que certains utilisateurs novices ont pu penser que l'Internet était un espace sans lois, où tout était permis, où on pourrait sans risque publier tout et n'importe quoi. Les exemples abondent. L'Agence France-Presse a récemment eu la surprise de voir ses dépêches rediffusées sur une liste de distribution, sans bien sûr qu'elle ne touche de droits d'auteurs ni de commissions. Un ingénieur français qui s'était aliéné beaucoup de ses collègues s'étonna un jour de recevoir cent appels téléphoniques par heure. Il compris pourquoi en lisant dans les news un message un peu particulier. Un plaisantin avait usurpé son identité pour annoncer un service d'information gratuit, une collection de cent milles photos pornographiques consultables par téléphone et modem au numéro indiqué. En mars dernier, des internautes en colère envoyèrent des messages de protestation parce que la police avait osé aller perquisitionner un ordinateur finlandais, sous prétexte d'enquêter sur un vol de fichiers commis en Californie au détriment de l'Église de Scientologie. Eux aussi pensaient que les lois ne s'appliquent pas sur l'Internet. Heureusement, cette attitude est très minoritaire.

L'exemple de l'AFP est typique d'une des grandes craintes des éditeurs, des auteurs, des artistes. L'Internet permet de reproduire et de distribuer un logiciel, un texte, une chanson bien plus efficacement qu'avec des disquettes, des photocopieuses ou des magnétophones. Or tous ces moyens de reproduction servent déjà à des piratages que les détenteurs de « propriétés intellectuelles » ont toutes les peines à combattre. Tous ont la hantise que la culture de liberté de l'Internet jointe à la tradition de publier gratuitement logiciels et documents se traduise par une négation massive de la notion même de copyright et de droit d'auteur. Je ne crois pas que ces frayeurs soit fondées. Le piratage existait déjà avant l'Internet et on sait déjà le combattre, par exemple en réprimant la possession de logiciels sans certificat d'origine. On peut penser que les logiciels sont un cas particulier et que le problème des droits d'auteurs est différent, puisqu'il faut rétribuer non seulement le propriétaire mais aussi tous les auteurs et les acteurs qui ont contribué à l'ouvrage, mais l'exemple des logiciels montre quand même que des solutions peuvent exister. Il est évident qu'il faudra établir des règles, une jurisprudence, peut-être aussi de nouvelles lois. Il faudra aussi éduquer les utilisateurs du réseau, leur faire bien comprendre la nécessité de respecter copyright et droits d'auteurs, ce qui ne devrait pas être trop difficile. Beaucoup des premiers utilisateurs de l'Internet sont des informaticiens, des ingénieurs, des concepteurs. Leurs productions sont intellectuelles, leur richesse se traduit par des brevets, du savoir-faire, des rapports, des programmes. Aucun n'a intérêt à ce que se développe un pillage généralisé. Le succès des « partagiciels » montre d'ailleurs qu'une majorité d'internautes est prête à payer les produits acquis sur le réseau.

Le cas de notre ingénieur, victime d'une farce électronique anonyme, représente un des autres risques de l'Internet. Le débat d'idées y est encouragé, ce qui se traduit souvent par un échange d'arguments. Les règles d'éthique recommandent de s'en tenir toujours aux faits, de réfuter les idées en respectant les personnes. Mais les hommes sont tout autant des hommes sur l'Internet qu'au forum romain ou dans les cafés parisiens, et on n'évite pas forcément les imprécations. On les évite d'autant moins que l'échange électronique peut donner un sentiment d'impunité. Pourtant, la victime d'une campagne de dénigrement électronique n'est pas moins victime que si on l'avait attaquée par voie de presse ou d'affiches. Elle a bien évidemment le droit de se défendre. L'édition de l'automne 1994 du bulletin de l'Internet Society recensait plusieurs procès de ce type. On peut citer en exemple le cas de Brock Meeks, un défenseur des consommateurs qui avait utilisé l'Internet pour avertir le public des conditions de vente par une société américaine d'un service Internet soit-disant « gratuit », conditions qu'il jugeait proches de l'escroquerie, et qui fut attaqué par cette société. On peut aussi citer cet anthropologue australien qui fit condamner à quarante mille dollars australiens d'amende un collègue qui l'avait accusé sur l'Internet d'incompétence, de brutalité, d'alcoolisme, de pédophilie et de racisme, ou ce physicien anglais qui attaqua devant les tribunaux londoniens un collègue du CERN pour l'avoir diffamé dans sept messages émis sur le réseau entre avril et juillet 1993. Je ne connais pas encore d'exemple en France, sans doute parce que l'Internet y est moins développé. Mais il devrait être évident à tous que rien n'autorise à émettre sur l'Internet des textes qu'on ne pourrait pas publier dans un journal ou lire à la radio.

Le sentiment d'impunité est parfois renforcé par la possibilité d'un certain anonymat. L'ordinateur finlandais dont il a été question ci-dessus, dont le nom sur le réseau est « penet.anon.fi » est d'ailleurs célèbre dans le monde entier pour fournir précisément le moyen de cacher son identité. N'importe qui peut y ouvrir un compte puis émettre des messages sous un nom de code, par exemple « x102@penet.anon.fi », en cachant sa véritable identité. Il peut y avoir de bons usages de l'anonymat, comme il y a de bons usages des noms de plumes. Mais dans le cas cité ci-dessus, le pseudonyme avait été utilisé pour poster dans un groupe de discussion le contenu d'un fichier piraté dans un ordinateur de l'église de scientologie. L'auteur pensait sans doute poursuivre le noble objectif de combattre les sectes et voulait poster son information de manière anonyme parce qu'il en craignait les représailles. Mais même si on juge son combat louable, il est illégal d'utiliser des informations volées. L'église de scientologie porta plainte, la police américaine obtint l'aide de la police finlandaise qui perquisitionna le serveur d'anonymat afin de retrouver dans ses fichiers l'identité réelle de l'émetteur du message, ce qui enseigne d'une part qu'il faut bien sûr respecter les lois, d'autre part que l'anonymat du réseau n'est que relatif. Nos ordinateurs gardent toutes sortes de traces, des fichiers d'administration, de comptabilité, des sauvegardes. Même en l'absence de signature électronique formelle, on peut assez facilement utiliser ces traces pour remonter à la source d'un message, pour en prouver l'origine.

Acheter une connexion à l'Internet ne donne évidemment pas le droit d'ignorer les lois, de publier des informations en en violant le copyright ou de diffamer son voisin. Mais aucune autorité n'est capable d'exercer a priori quelque censure que ce soit, le contrôle ne peut s'effectuer qu'après que l'information a été publiée. En fait, bien souvent, les censeurs cherchent moins à empêcher d'écrire qu'à empêcher de lire et l'Internet leur pose un grave problème. Les paquets de données ignorent les frontières. Rien ne peut interdire à un Français de consulter un serveur allemand, à un Japonais un serveur danois.

On ne peut guère parler de liberté de publication sans évoquer le problème de la pornographie. On m'a soutenu récemment que les journalistes, dans leurs écoles, apprenaient que seuls trois sujets permettaient vraiment de vendre du papier, l'argent, la santé et le sexe. Je n'ai jamais étudié dans ces écoles et aurait plutôt tendance à voir dans cette affirmation un bobard, mais on ne peut nier que l'espèce humaine a de tout temps trouvé dans le sexe une puissante source d'inspiration littéraire, artistique et aussi commerciale. Il serait bien surprenant que l'Internet échappe davantage à cette règle que la presse ou le Minitel. Dès le début du réseau, on a vu se mettre en place des groupes de news consacrés à l'échange de photos plus ou moins érotiques. L'informatique progressant, on peut maintenant échanger aussi des petites vidéos. Comme le grain des photos est bien inférieur à la qualité de ce qu'on trouve en magazine, comme les écrans des vidéos sont bien plus petits que ce qu'on peut charger dans son magnétoscope, l'attrait de ces séductions cybernétiques ne doit pas être exagéré. Mais il est quand même vrai que le serveur Internet de la revue PlayBoy reçoit des centaines de milliers d'appels et que des entrepreneuses imaginent réaliser l'équivalent sur l'Internet du téléphone grivois. Il est toutefois clair que les entreprises n'offrent en général à leurs employés des connexions à l'Internet que pour des utilisations professionnelles, et qu'elles ne les encouragent pas à feuilleter les pages roses au lieu de travailler. Elles ne les encouragent d'ailleurs pas davantage à visiter les musées ou les bibliothèques. Selon l'éthique dominante dans l'Internet, le choix de consulter ou non ce genre de service est une affaire individuelle, une question de morale personnelle dans laquelle les autorités du réseau n'ont aucune raison de s'immiscer.

Cet argument ne s'applique toutefois qu'à un public adulte. Or, il n'y a pas que des adultes sur l'Internet. Certains enfants peuvent avoir accès aux ordinateurs de leurs parents, à leurs connexions au réseau. Mais surtout, on ne peut pas éviter de connecter lycées et écoles à cette nouvelle source de savoir. Les services d'éducation américains, qui veulent précisément fournir l'accès au réseau à tous les élèves, de la dernière année de maternelle à la terminale, ont dû s'attaquer à ce problème. En fait, la solution est évidente. Comme dans toute bibliothèque, il vaut mieux que les enfants soient guidés dans leurs recherche par un adulte, ou par un logiciel qu'un adulte aura d'abord supervisé. On peut imaginer de fabriquer à l'usage des écoles un logiciel d'accès au web qui ne laisserait accessible que des pages préalablement lues et vérifiées par les parents ou les professeurs, ce qui d'ailleurs est déjà en cours de réalisation. On peut aussi envisager d'enseigner aux enfants un peu plus âgés à discerner l'utile de l'accessoire, la culture de la grossièreté. Après tout, nos enfants sont déjà exposés à toutes sortes d'images discutables, ne serait-ce que pendant les journaux télévisés.

Mais la question devient encore plus difficile à résoudre quand il ne s'agit plus d'enfants mais d'adultes. Plusieurs pays interdisent l'accès à certains types d'information. Il est par exemple interdit en France de faire de la publicité pour l'objection de conscience. On ne sait pas bien comment réagira le gouvernement si un mouvement libertaire met en place hors des frontières un serveur fournissant ces informations. Il peut bien sûr essayer de se plaindre auprès du pays hôte de ce serveur, mais il a toutes chances de se voir répondre qu'il n'y a là rien d'illégal, puisqu'après tout plusieurs pays européens ignorent le service militaire et a fortiori l'objection. Cette situation n'est bien sûr pas unique. Les Japonais ont le droit de publier toutes sortes d'estampes érotiques, mais à condition qu'on n'y représente pas explicitement pénis et poils pubiens. Pendant un temps, les opérateurs de réseaux Internet au Japon s'astreignaient à regarder toutes les photos provenant de l'étranger pour être certains de ne pas enfreindre la loi en laissant traîner dans leurs bases de données des toisons interdites. Mais avec l'arrivée du web et du chiffrement, cette possibilité de contrôle disparaît. Le réseau ne peut pas contraindre les utilisateurs. C'est à eux-mêmes d'être responsables, de s'astreindre à ne pas charger sur leur ordinateur d'images ou de textes interdits, ou de prendre en conscience la liberté de violer la loi.

Ce discernement doit d'ailleurs aussi s'appliquer dans le choix des sources d'informations. L'Internet permet d'aller consulter de nombreux serveurs, mais ne garantit pas que les informations présentes sur ces serveurs sont exactes. Si vous photocopiez une page de journal, votre photocopieuse ne va pas effacer automatiquement les lignes dans lesquelles les journalistes se seraient laissés aller à une interprétation imaginative de la réalité. Il n'y a pas plus de raison qu'une ligne de transmission devine que telle ou telle page d'information décrit moins le monde tel qu'il est que tel que certains souhaiteraient qu'il soit.

Les internautes avaient été très fiers de voir leurs collègues russes utiliser le réseau pour informer le monde en direct des détails du putch de Moscou en août 1991. Ils avaient compati avec leurs collègues chinois lors de la répression du printemps de Pékin. Dans ces deux cas, l'Internet s'était avéré être un espace de liberté, une source d'information que les dictateurs n'arrivaient pas à contrôler. Mais lors de la confrontation d'automne 1993 entre Boris Eltsine et le parlement russe, les nouvelles reçues de Moscou avaient une toute autre allure. Le canal mis en place par quelques universitaires russes était très loquace, fournissait de minute en minute des rapports détaillés sur l'évolution de la situation, appelait le monde entier à l'aide. Mais tous ces rapports étaient faux, ou du moins orientés. Ces universitaires étaient gagnés à la cause de la présidence. Ils étaient très loin d'appliquer à la recherche de l'information la rigueur scientifique qui fait la fierté de leurs laboratoires. Plus récemment, la guérilla zapatiste fit circuler sur l'Internet des comptes rendus émouvants de massacres perpétrés au Chiapas par l'armée mexicaine. Des milliers d'internautes les firent immédiatement parvenir, dans le monde entier, à leurs journaux favoris, s'étonnant que la presse ne dénonce pas avec plus de force des crimes aussi graves. Or cette dernière avait raison, les communiqués zapatistes relevaient davantage de l'invention poétique que du réalisme historique. Les journalistes avaient fait leur métier. Ils avaient vérifié leurs sources, comparé ces messages aux comptes rendus de leurs envoyés spéciaux et détecté la supercherie.

Il ne faut pas davantage croire tout ce qu'on lit sur l'Internet que tout ce qu'on lit dans les journaux. Sur le réseau comme ailleurs, il y a de bonnes sources d'informations et de moins bonnes. On choisit de lire et de faire confiance à tel ou tel journal parce qu'on apprécie le travail de sa rédaction, de ses journalistes. De même, on choisira de s'abonner à telle ou telle source électronique parce qu'on aura pu apprécier le sérieux avec lequel ses informations sont collectées et présentées. Mais en même temps qu'on consultera des articles sérieux et bien machés, on aura accès aux émotions et aux réactions à chaud de nos amis sur place. Ces informations ne seront sans doute pas toutes objectives et bien vérifiées, elles contiendront peut-être plus d'émotion que de raison. Mais qui penserait qu'on puisse utilement dialoguer avec le monde entier sans en partager les émotions, ou au moins les comprendre ?

Évolution ou révolution ?

De manière surprenante, ou en tout cas surprenante pour moi, l'Internet n'est apparu dans les médias grand public de France que comme une facette du « multimédia ». Peut-être à cause de la beauté des images synthétiques et de la puissance d'expression des documents mariant images et sons, textes et vidéos, beaucoup ont commencé à annoncer l'arrivée avec le multimédia d'une nouvelle civilisation. Pourtant j'ai de la peine à penser qu'il soit si révolutionnaire d'imprimer dans un livre des illustrations, ni qu'enregistrer sur un disque laser des séquences vidéo soit tellement plus futuriste qu'enregistrer des films sur un rouleau de pellicule. Naïvement peut-être, je n'y vois guère que l'évolution normale de la technique. Après tout, le mode de fabrication des CD-ROMs n'est pas très différent de celui des livres. Un auteur, ou une équipe d'auteurs, composent une œuvre, un studio la met en forme, une usine imprime des disques. Que tout cela utilise l'électronique et la lumière plutôt que l'encre et le papier ne change pas grand chose à l'affaire, et en tout cas pas à l'organisation de la société. C'est bien sûr un grand progrès, les documents sont plus faciles à consulter. Mais l'histoire récente est pleine de progrès comparables, avec l'invention par exemple des rotatives, du cinéma, de la radio, de la télévision.

Cependant, la forme d'expression détermine le pouvoir de séduction du média. Si des gens parfaitement normaux et doués de raison restent de longues heures cloués devant leur télévision, c'est bien parce que ces images animées les captivent, les plongent à la manière d'une drogue dans un monde d'images et de sons, déconnecté de la réalité. Or les nouveaux documents multimédias sont encore plus fascinants, s'incrustent avec plus de violence dans notre esprit. Nous avons déjà vu au début du siècle comment des régimes totalitaires pouvaient tirer profit des mass-médias pour asseoir leur dictature. M. Goebbels, de sinistre mémoire, avait théorisé l'utilisation de la propagande pour enrégimenter les cerveaux. Nous pourrions craindre que ses successeurs ne tirent un parti extraordinaire du multimédia, n'endoctrinent encore plus efficacement le peuple et la jeunesse. Ce danger existe sans doute mais l'Internet en est précisément l'antidote.

L'Internet n'est pas, comme la radio ou la télévision, un média à sens unique. Ce qu'il y a de plus révolutionnaire dans le réseau, c'est précisément la possibilité pour chacun d'être à la fois un consommateur et une source d'information. Chacun peut envoyer des messages, publier des documents dans le web. Chacun peut choisir en toute indépendance ses sources d'informations, sans être tenu de s'abreuver aux canaux de propagande télévisés. Staline tenait paraît-il le téléphone en grande suspicion. Il lui paraissait très dangereux pour les autorités que n'importe quel citoyen puisse parler à un ami dans une autre ville, sans contrôle préalable. Les dictatures ont besoin de contrôler l'information et de maintenir une chape de secret sur leurs agissements. Ce n'est pas un hasard si la liberté de parole figure en bonne place dans la déclaration des droits de l'homme. Or l'Internet est un outil de communication encore plus puissant que le téléphone. La nature décentralisée du réseau le rend en pratique très difficile à contrôler. On peut essayer de fermer un point de passage mais le réseau se réparera de lui même et l'information continuera à passer par un chemin secondaire. On peut bien sûr essayer d'espionner le réseau, mais il est facile aux internautes de se protéger en chiffrant leurs messages.

Loin d'être un instrument de contrôle, l'Internet sera au contraire un instrument de liberté, permettant à l'homme moderne de secouer le joug des bureaucraties. Quand l'information passe les frontières entre pays, les états ont beaucoup plus de peine à gouverner par le mensonge et la propagande. On voit déjà, dans les entreprises informatisées, la communication s'affranchir des voies hiérarchiques et, peu à peu, les hiérarchies s'aplatir, la déférence craintive et la certitude arrogante céder la place au dialogue égalitaire. On verra sans aucun doute la même égalisation se produire dans la société, les gouvernants quitter les habitudes héritées de la monarchie absolue pour se transformer en simples gestionnaires des services de l'État. L'arrivée du commerce électronique devrait d'ailleurs puissamment contribuer à cette évolution.

Une part croissante du commerce mondial est constituée de ce qu'on appelle des « biens intellectuels ». Ce n'est pas à proprement parler nouveau, puisqu'après tout, bijoux et poteries décorées s'échangeaient déjà d'un pays à l'autre pendant l'Antiquité. C'était tout autant des produits de l'intelligence que nos logiciels, nos livres, nos créations multimédia. Mais il fallait que des bateaux et des convois acheminent les vases et les colliers pour que les créations des artistes grecs ou étrusques parviennent aux familles gauloises. Nos documents sont électroniques, ils utilisent, en guise de convois et de bateaux, l'électricité et la lumière. On pouvait facilement taxer les marchands de l'Antiquité et du Moyen Âge, leur imposer des octrois et des péages, mais l'électricité et la lumière se jouent de ces barrières. Bien sûr, il faut pour mettre en vente des données les installer sur un serveur, et il faut bien que ce dernier soit placé dans un pays. Les agents du fisc, dans ce pays, pourront en contrôler la comptabilité et exiger des taxes. Mais si ces taxes deviennent trop élevées, il sera facile de déplacer le serveur, de l'installer dans un paradis fiscal électronique. Si un pays veut conserver une part de ce commerce, il faudra que ses taxes restent très modérées, inférieures sans doute à celles de ses voisins, ou plutôt à celles de tous les autres pays du monde puisqu'avec l'Internet tous sont voisins. Cette compétition ne peut que tirer les taxes vers le bas. Cette liberté ne sera d'ailleurs pas réservée aux vendeurs de conseils et de logiciels. Pour taxer, pour contrôler, il faut pouvoir connaître, vérifier. Avec l'Internet, les commandes pourront être passées d'un bout à l'autre du monde, en une fraction de seconde. Les factures seront payées avec des chèques électroniques que rien ne vous obligera à verser dans une banque informatique d'un pays plutôt que d'un autre. C'est tout un pan de l'activité humaine qui échappera au contrôle étatique. À la liberté de communiquer s'ajoutera la liberté de commercer.

Cette liberté peut effrayer. Là où des esprits positifs voient commerce et communications, des âmes craintives voient licence et contrebande. Les frontons de nos mairies et de nos bâtiments publics arborent la devise de la République, liberté, égalité, fraternité. Mais nombreux sont les membres des élites dominantes pour qui la liberté devrait être encadrée, afin de garantir qu'on ne tombe ni dans les excès des libertaires, ni dans les pièges du libre échange. Déjà, dans les amphithéâtres de 1968, on entendait parfois dénigrer la liberté « du renard libre dans le poulailler libre ». Cette métaphore m'a toujours fait sourire, car ceux qui la profèrent se voient en général plutôt dans le rôle du fermier que de la volaille. La protection des faibles est souvent l'alibi des puissants, et ce sont surtout les élites dominantes qui ressentent la nécessité de protéger le peuple des excès de la liberté. Si l'emprise de l'état se desserre, il ne pourra plus aussi aisément percevoir taxes et octrois pour financer ce qu'il est convenu d'appeler des services publics. Mais c'est là après tout l'essence même de la liberté. On n'a jamais tant perçu d'impôts qu'aux temps féodaux, quand le seigneur pouvait à sa guise envoyer ses sergents spolier les paysans de leurs récoltes. Les progrès de la démocratie en Europe ont précisément commencé par le refus de ces impôts arbitraires, quand des cités commerçantes se sont libérées des barons et autres évêques.

Un des arguments les plus fréquents des détracteurs de l'Internet est que l'arrivée de ces nouveaux réseaux serait une source de violentes inégalités, que le fossé se creuserait entre ceux qui auront accès à la communication et au savoir, les info-riches, et ceux qui en seraient exclus, les info-pauvres. En fait, il y a toutes raisons de penser que le développement de l'Internet sera au contraire un puissant facteur d'égalité. La distinction entre info-riche et info-pauvre existe déjà dans notre société. L'accès à l'information est plus facile pour les plus puissants, les membres des gouvernements, les responsables des multinationales. Les internautes, grâce à la puissance du réseau, pourront précisément accéder à un grand nombre d'informations qui sont actuellement hors de portée du simple citoyen. Le risque n'est donc pas de créer une nouvelle classe d'info-riches, car elle existe déjà bel et bien, mais, en augmentant le nombre de ceux qui ont accès au savoir, de rendre plus évidente la condition subalterne des info-pauvres. Pourtant, on ne doit pas surestimer ce risque. Tous nos efforts techniques ont eu pour but de rendre la transmission des informations plus facile, plus efficace, mais aussi moins chère. Bien sûr, il faut acheter un ordinateur avant de se connecter à l'Internet. Mais il n'y a pas beaucoup plus d'électronique dans un ordinateur que dans une télévision, et il n'y a pas de raison particulière pour que, dans quelques années, un ordinateur coûte plus cher. On trouve aujourd'hui des télévisions dans les plus pauvres de nos foyers, on y trouvera certainement demain des ordinateurs.

La distinction entre info-riches et info-pauvres est souvent aussi appliquée aux nations. Le monde industriel progresse rapidement, s'équipe en réseaux qui vont encore renforcer sa puissance, ce qui risquerait de creuser davantage le fossé avec les pays en voie de développement, qui doivent lutter contre la pauvreté, la maladie, le sous-développement, et sont loin d'être pareillement équipés. Mais, là encore, l'Internet peut contribuer à la solution au lieu d'aggraver le problème. Un ami indien m'expliquait récemment comment sa société introduisait l'Internet dans son pays. Il raccordait au réseau des universités, des banques et des entreprises, mais aussi des villages isolés dont aucun des habitants n'était assez riche pour acheter un ordinateur. Dans ce cas, c'est un commerçant, par exemple un épicier, qui installe dans sa boutique un ordinateur « collectif », un peu comme on installerait une cabine téléphonique. Chacun des villageois peut, moyennant quelques roupies, envoyer et recevoir des messages. C'est très rustique, mais c'est aussi, en termes de développement, très rentable. Le village s'ouvre sur le monde, ses artisans peuvent trouver des débouchés au-delà de leur environnement immédiat, la population accède à davantage de connaissances, elle se développe. L'arrivée de l'Internet aide à sortir du sous-développement, autant qu'une nouvelle route ou un nouveau pont, tout en ne demandant que des investissements très faibles.

En communiquant librement, en accédant au savoir du monde entier, ces peuples augmentent leurs chances de « recoller au peloton », de voir leur niveau de vie se rapprocher du nôtre. Encore faut-il bien sûr que la culture locale encourage le libre accès au savoir et le libre échange de l'information. Dans son dernier numéro, le bulletin de l'Internet Society publiait un graphique intéressant. Chacun des pays connectés à l'Internet était représenté par un point dont les coordonnées étaient en abscisse son produit national brut et en ordonnée le nombre d'ordinateurs raccordés à l'Internet dans ce pays. Comme on pouvait s'y attendre, les pays les plus riches, possédant davantage d'ordinateurs, possédaient aussi davantage de prises Internet. Si la proportion avait été constante, tous les points auraient été étirés le long d'une ligne diagonale. Mais on observait au contraire que certains pays, notamment en Amérique et en Europe du Nord, étaient placés nettement au-dessus de la moyenne, tandis que d'autres, notamment des monarchies pétrolières et des dictatures étaient situés très en dessous. En fait, on peut montrer que le niveau de raccordement à l'Internet dépend de la richesse du pays d'une part, et d'autre part de son degré de liberté. Les pays qui s'enferment dans des cultures répressives, au nom de la tradition ou de la religion, n'arriveront pas à profiter de la puissance du réseau, perdront le peu d'aisance qui leur reste et s'enfonceront dans un statut secondaire. Ce seront eux les info-pauvres de demain. Quant à la France, elle était dans une position intermédiaire, légèrement au-dessus de la moyenne mais nettement en dessous des pays les plus évolués, comme si notre tradition de contrôle étatique et de centralisme administratif nous rapprochait des dictatures du tiers-monde. Espérons qu'il ne s'agit que d'une anomalie passagère.

De tout temps, l'intelligence des hommes leur a permis de créer de nouveau outils, quelque bâtons d'abord, des pierres taillées puis polies, des roues, des bateaux, des machines à vapeur, l'electricité. De tout temps, ces outils leur ont permis de s'affranchir des contraintes de leur environnement, d'améliorer leur manière de chasser, d'apprendre à cultiver, de découvrir le monde. En fait, chaque progrès, en rendant les hommes plus puissants, préparait l'invention suivante. Ce mouvement est devenu très rapide au dix-neuvième siècle, que mes manuels d'histoire décrivaient comme le siècle des inventions, et il s'est encore accéléré au vingtième. L'arrivée des premiers ordinateurs a permis de calculer les plans des premiers circuits intégrés, qui ont servi à construire des ordinateurs encore plus puissants, des robots encore plus précis, donc des circuits encore plus complexes, accumulant des millions de transistors. L'Internet fait partie de cette révolution informatique. La mise en réseau des ordinateurs permet de leur faire réaliser des calculs plus complexes, mais elle permet en même temps aux hommes de communiquer et de mettre en commun leur intelligence. Au fur et à mesure que les universités et les centres de recherche se sont raccordés au réseau, la qualité des recherches a progressé avec les échanges d'idées, et nous avons vu s'accélérer le rythme des découvertes. Mais la civilisation ne dépend pas que des chercheurs et des savants. L'Internet permettra à l'humanité entière de se libérer des distances, d'échanger idées et marchandises sans se soucier des océans et des continents, de mettre en commun la puissance de cinq milliards de cerveaux. Bien sûr, tout cela existe déjà grâce au téléphone, une des grandes inventions du dix-neuvième siècle devenue infrastructure planétaire au vingtième. Mais l'Internet est au téléphone ce que le bronze était à la pierre polie. L'une permit l'agriculture, l'autre les cités. Qui peut prédire les progrès que fera notre civilisation quand l'Internet sera devenu au vingt-et-unième siècle l'infrastructure mondiale de communication ?

Pour en savoir plus…

Vous avez lu ce livre, vous avez envie d'en savoir plus sur l'Internet. On trouvera ici deux types de références, des livres d'une part, et des pointeurs vers des documents en ligne sur l'Internet d'autre part. Les informations les plus à jour se trouvent sur le réseau lui-même, ce qui bien sûr pose un petit problème d'œuf et de poule si vous n'y êtes pas connecté. Mais il y avait déjà en France près de cent mille ordinateurs connectés à l'Internet en janvier 1995, un million cent mille en Europe, cinq millions dans le monde. Il y en a forcément un près de chez vous, chez un de vos amis, qui pourra sûrement vous renseigner. Vous trouverez également des renseignements très utiles dans le livre d'Olivier Andrieu, *Internet : guide de connexion*, publié aux Éditions Eyrolles.

Les documentations techniques de référence sont cataloguées dans la série des *Request for Comments* ou RFC, publiée sous la responsabilité de l'IAB. Ces documents sont accessibles en de nombreux points du réseau, notamment sur le serveur de documents de l'Internic (Internet Network Information Center). Il y en a plus de mille sept cents. Tous sont accessibles en ligne. On en obtiendra l'index via le Web en utilisant l'URL :

ftp ://ds.internic.net/rfc/rfc-index.txt

Chaque RFC est identifié par un numéro codé sur quatre chiffres. On y accédera par l'URL :

ftp ://ds.internic.net/rfc/rfc9999.txt

en remplaçant bien sûr 9999 par le numéro du RFC recherché, par exemple 0791 pour la spécification du protocole Internet, ou bien 1636 pour le rapport du séminaire de l'IAB consacré en février 1994 à la prise en compte de la sécurité dans l'architecture de l'Internet.

On trouvera aussi des informations sur l'évolution et l'organisation de l'Internet sur les serveurs web de l'Internet Society et de l'IETF :

http:/www.isoc.org
http:/www.ietf.cnri.reston.va.us

Pour toute information sur l'organisation de l'Internet en France, on peut consulter le serveur du CNAM, celui du service français d'enregistrement d'adresses, ou encore, ma propre page web :

http:/www.cnam.fr
http:/www.nic.fr
http:/www.inria.fr/rodeo/personnel/huitema
/moi.html

J'essaye d'y maintenir une liste de pointeurs sur des serveurs intéressants.

De nombreux livres spécialisés ont été écrits pour décrire telle ou telle facette de l'Internet. Celui de Douglas E. Comer, *Internetworking with TCP-IP*, publié chez Prentice Hall, est sans doute un des plus complets si on souhaite une approche générale de la technique. Le livre de Ed Krol, *Le Monde Internet*, a été récemment traduit en français et est publié par les Éditions O'Reilly International Thomson. C'est une excellente description des services disponibles sur l'Internet. CNRS Éditions a publié en avril 1995 un ouvrage collectif, *L'Internet professionnel*, qui regroupe des témoignages, expériences et conseils pratiques d'experts de la communauté enseignement et recherche. On trouvera aussi, sur les rayons des librairies, une multitude d'ouvrages décrivant tel ou tel aspect de la technologie. J'ai moi-même publié aux Éditions Eyrolles une étude détaillée sur *Le Routage dans l'Internet.*

Glossaire

administration des télécommunications : voir *monopole.*

anneau à jetons : un type de réseau local promu par IBM.

archie : service de recherche de fichiers dans les « archives » de l'Internet.

Arpa : voir *Darpa.*

Arpanet : réseau expérimental financé par le Darpa où furent expérimentés la commutation de données par paquets puis les premiers protocoles de l'Internet.

Bérégovoy (décret) : décret d'application de la loi de 1991 régissant l'usage de la cryptographie, signé en décembre 1992 par M. Bérégovoy.

Berners-Lee, Tim : ingénieur en informatique au CERN à Genève, inventeur du web.

Bitnet : réseau permettant de relier des centres de calculs suivant des techniques définies par IBM. Fut absorbé par l'Internet.

Cerf, Vint : chercheur en informatique, responsable du programme Arpanet, président de l'IAB, puis de l'Internet Society, inventeur de l'Internet.

CERT : Computer Emergency Response Team, un organisme mis en place par les autorités fédérales américaines pour centraliser et rediffuser toutes les informations sur les attaques et les fautes de sécurité dans les systèmes et réseaux informatiques.

Chapin, Lyman : président de l'IAB de 1992 à 1993.

CIDR : Classless Inter-Domain Routing. Nouveau format des adresses Internet, adopté en 1992 en remplacement des classes A, B et C.

Clark, David : chercheur au laboratoire d'informatique du MIT, président de l'IAB de 1981 à 1989, connu comme « l'architecte de l'Internet ».

Classes A, B, C : différentes formes d'adresses Internet, adaptées respectivement aux grands réseaux, aux moyens et aux petits. Remplacées par le CIDR.

Clipper : nom, entre autres, d'une puce informatique permettant de chiffrer des messages tout en garantissant que le gouvernement des États-Unis pourrait aisément les déchiffrer.

cliquer : appuyer sur l'interrupteur situé dans la « souris » de son ordinateur.

CLNP : Connection-Less Network Protocol. Succédané du protocole Internet défini par l'ISO.

CNET : Centre national d'études des télécommunications.

Cocom : comité de coordination des exportations. Utilisé par les puissances dites « occidentales » pendant la guerre froide pour s'assurer que des techniques critiques, comme par exemple la cryptographie, ne pourraient pas être exportées vers des pays « hostiles ». Le Cocom a été dissout en 1993.

coupe-feu : voir *écluse.*

CSNet : Computer Science Network. Un réseau monté par des universités qui n'avaient pas accès à l'Arpanet. Fut absorbé dans l'Internet.

Cyclades : réseau expérimental, utilisant une technique de commutation de données par paquets, développé à partir de 1973 en France sous la direction de Louis Pouzin. L'expérience fut abandonnée en 1980.

Darpa : Defense Advance Research Project Agency. Agence américaine dépendant de la Défense, qui finance de nombreux projets de recherche.

DES (Data Encryption Standard) : algorithme de chiffrement standardisé par l'administration états-unienne pour protéger ses échanges « normaux ». L'armée utilise d'autres codes pour les échanges vraiment secrets.

Devillers, Yves : ingénieur à l'INRIA, un des pionniers de l'Internet en France.

écluse (*firewall*) : machine située entre le réseau d'une société et l'Internet, censée maintenir hors du périmètre les utilisateurs non autorisés.

e-mail : courrier électronique.

Ethernet : type de réseau local très répandu, permettant de relier les ordinateurs d'une même entreprise.

finger : programme permettant d'obtenir des informations sur des internautes distants.

firewall : voir *écluse.*

ftp : file transfer protocol, protocole standard de recopies de fichiers via l'Internet.

gopher : service de navigation par menus dans des bases de données de l'Internet, nommé d'après la mascotte de l'université du Minnesota, un genre de rongeur gros comme une marmotte.

html : hypertext mark-up language. Langage informatique qui définit la syntaxe des pages du web.

http : hypertext transfer protocol. Protocole définissant l'accès aux pages du web.

IAB : jusqu'en 1992, Internet Activities Board, conseil des activités de l'Internet. Depuis 1993, Internet Architecture Board, conseil d'architecture de l'Internet, rattaché à l'Internet Society.

IANA : Internet Assigned Numbers Authority. Garant ultime de l'unicité des adresses sur l'Internet.

ICCB : Internet Configuration Control Board. Est devenu l'IAB en 1983.

IESG : Internet Engineering Steering Group. Comité de pilotage de l'IETF.

IETF : Internet Engineering Task Force. Groupement de bénévoles responsable de l'évolution des standards de l'Internet, supervisé par l'IESG et l'IAB.

INRIA : Institut national de recherche en informatique et automatique, où l'auteur poursuit ses recherches sur les protocoles de contrôle de réseaux.

Interop : cycle de conférences et d'expositions où était initialement démontrés l'interopérabilité de matériels proposés pour l'Internet par différents constructeurs.

internaute : utilisateur de l'Internet. Le néologisme « internaut » fût ajouté par Vint Cerf à la langue anglaise.

Internet : réseau mondial décrit avec force détails dans ce livre.

Internetworkshop : série de conférences organisées par Larry Landweber, dans lesquelles de nombreux raccordements à l'Internet furent planifiés.

Internet Society : association sans but lucratif dont l'objectif est de promouvoir l'Internet.

IP : protocole Internet. Définit le format des messages véhiculés sur l'Internet.

ISO : Organisation internationale de standardisation.

Kahn, Bob : un des anciens responsables de l'Arpanet, co-inventeur avec Vint Cerf de l'Internet.

Kerberos : programme informatique développé par le MIT pour protéger les échanges dans le réseau d'une université ou d'une organisation.

Landweber, Larry : professeur d'informatique à l'université du Wisconsin. Voir *Internetworkshop*.

Lynch, Dan : fondateur d'Interop.

mail : voir *e-mail*.

MIME : Multimedia Internet Mail Extension. Extension au service du courrier électronique de l'Internet pour le transfert de documents multimédias.

Minitel : terminal informatique rustique et minimaliste, développé par l'administration française des télécommunications et ayant eu un certain succès en France dans les années 1980.

MIT : Massachuset Institute of Technology. Compte parmi les plus grandes universités scientifiques américaines.

monopole : les rois de France avaient le monopole du commerce du sel, ce qui permettait de prélever la gabelle. Le monopole des télécommunications a à peu près le même effet.

Mosaic : nom du logiciel d'accès qui contribua à populariser le web.

net : mot anglais signifiant réseau. Décrire le réseau Internet comme « le Net » fait, paraît-il, branché. Ne jamais utiliser ce terme et dire soit « le réseau », soit « l'Internet » est la marque d'un internaute accompli.

Netscape : logiciel d'accès au web.

news : système permettant de diffuser à des réseaux de serveurs des messages classés par rubriques.

NSF : National Science Foundation. Organisme qui gère la recherche publique aux États-Unis.

NSFnet : réseau financé par la NSF, qui pris le relais de l'Arpanet comme centre de l'Internet. Démantelé en 1995.

OSPF : Open Shortest Path First. Un programme informatique très sophistiqué permettant aux nœuds du réseau de calculer les « tables de routage ».

Postel, Jon : un des pionniers de l'Internet. Responsable de la publication des RFC et de l'IANA.

Pouzin, Louis : chercheur en informatique français, directeur du réseau Cyclades.

PGP (Pretty Good Privacy) : nom d'un logiciel qui permet de chiffrer les messages électroniques.

PTT : administration des postes, des télégrammes et des télécommunications.

RIP : Routing Information Protocol. Programme informatique très simple permettant aux nœuds du réseau de calculer les « tables de routage ».

RFC : Request for Comments ou « appel aux commentaires ». Publication électronique regroupant les standards et la documentation technique de l'Internet.

RSA : algorithme de chiffrement à double clef, baptisé du nom de ses inventeurs, MM. Rivest, Shamir et Adleman.

SCSSI : Service central de la sécurité des systèmes informatiques, rattaché au Premier ministre. Chargé d'autoriser ou d'interdire au cas par cas l'utilisation de la cryptographie par les entreprises françaises. Voir « décret Bérégovoy ».

sendmail : programme d'acheminement du courrier électronique.

smiley : voir *sourire.*

SNMP : Simple Network Management Protocol. Protocole permettant d'administrer à distance des équipements sur l'Internet.

sourire : marque typographique indiquant que le texte précédent ne doit pas être pris au sérieux :-)

TCP : protocole de contrôle de transmission, permet de répéter les messages perdus dans le réseau et d'assurer une réception sans faute des données.

telnet : protocole standard de connexion à un ordinateur distant via l'Internet.

Transpac : réseau mis en place à partir de 1975 par l'administration française des télécommunications pour permettre les échanges entre ordinateurs selon la norme X.25.

UIT : Union internationale des télécommunications.

Unix : nom d'un système d'exploitation très fréquemment utilisé par les premiers ordinateurs raccordés à l'Internet, et encore aujourd'hui par beaucoup de serveurs.

Usenet : réseau de machines Unix permettant des services d'e-mail et de news. Partiellement intégré dans l'Internet.

wais : Wide Area Information Service. Nom d'un programme de recherche d'information par mots clefs dans les bibliothèques de l'Internet.

web : ensemble de serveurs d'informations sur l'Internet, pointant les uns vers les autres selon les principes de l'hypertexte.

World Wide Web : voir *web.*

www : voir *web.*

X.25 : nom, ou plutôt numéro, d'une norme de raccordement d'ordinateurs à des réseaux de données, définie à partir de 1976 par l'UIT. Bâtie sur des concepts très différents de l'Internet, et aujourd'hui franchement désuète.

X.400 : numéro d'une norme passablement complexe de raccordement à des services de courrier électronique, définie à partir de 1984 par l'UIT.

Imprimé en France. - JOUVE, 18, rue Saint-Denis, 75001 PARIS
N° 227168L. - Dépôt légal : Mai 1995
N° d'éditeur : 5769